Komplexität

T0309454

Kontext Architektur – Grundbegriffe zwischen Kunst, Wissenschaft und Technologie

Die Digitalisierung hat den Diskurs der Architektur verändert: Dieser wird mittlerweile von einer Fülle neuer Begriffe bestimmt, die bislang entweder keine oder andere Bedeutungen im Kontext der Architekturtheorie und des architektonischen Entwurfs belegten. Seine Begrifflichkeiten und Strategien werden zunehmend durch Einflüsse geprägt, die an der Schnittstelle zu wissenschaftlichen und kulturellen Vorstellungen der modernen Informationstechnologie entstehen. Vor diesem Hintergrund stellt sich die Frage: Mit welchen praktischen und vor allem auch theoretischen Konzepten kann sich die Architektur mit diesen neuen Technologien auseinandersetzen und in einen fruchtbaren, aber ebenso kritischen Dialog treten? *Kontext Architektur* stellt eine Auswahl jener Begriffe zur Debatte, die im aktuellen Diskurs eine zentrale Rolle spielen. *Kontext Architektur* ist eine Kooperation der Zürcher Hochschule der Künste ZHdK und der Professur Hovestadt für Computer-Aided Architectural Design, ETH Zürich.

In der Reihe Kontext Architektur sind bisher erschienen:

Simulation Präsentationstechnik und Erkenntnisinstrument
ISBN 978-3-7643-8685-6

Komplexität Entwurfsstrategie und Weltbild
ISBN 978-3-7643-8687-0

Kontext Architektur
Eine Zusammenarbeit der ZHdK und der ETH Zürich

hdk

Zürcher Hochschule der Künste
Zurich University of the Arts

CAAD Professur Hovestadt
ETH Zürich

Komplexität

Entwurfsstrategie
und Weltbild

KONTEXT ARCHITEKTUR

Herausgegeben von Andrea Gleiniger und Georg Vrachliotis

Birkhäuser
Basel · Boston · Berlin

Übersetzung aus dem Englischen des Beitrages von Kostas Terzidis: Ulrike Stopfel, Freiburg im Breisgau; der Beiträge von Robert Venturi und Denise Scott Brown: Ute Spengler, Basel

Redaktion der Beiträge von Andrea Gleiniger, Georg Vrachliotis, Johann Feichter, Klaus Mainzer: Karoline Mueller-Stahl, Leipzig; restliche Texte: Véronique Hilfiker Durand, Basel

Umschlag- und Layoutkonzept: Bringolf Irion Vögeli GmbH, Zürich
Reproduktion und Satz: weissRaum visuelle Gestaltung, Basel

Dieses Buch ist auch in englischer Sprache erschienen: *Complexity. Design Strategy and World View*, ISBN 978-3-7643-8688-7.

Bibliografische Information der Deutschen Nationalbibliothek
Die Deutsche Nationalbibliothek verzeichnet diese Publikation in der Deutschen Nationalbibliografie; detaillierte bibliografische Daten sind im Internet über http://dnb.d-nb.de abrufbar.

© 2008 Birkhäuser Verlag AG
Basel · Boston · Berlin
P.O. Box 133, CH-4010 Basel, Schweiz
Ein Unternehmen der Fachverlagsgruppe Springer Science+Business Media

Gedruckt auf säurefreiem Papier, hergestellt aus chlorfrei gebleichtem Zellstoff ∞

Printed in Germany

ISBN: 978-3-7643-8687-0

9 8 7 6 5 4 3 2 1   www.birkhauser.ch

Die Komplexität der Komplexität

«The complexity of architecture begins with the impossibility of questioning the nature of space and at the same time making or experiencing a real space. [...] We cannot both experience and think that we experience», erklärt Bernard Tschumi in einem Interview des *Journal of Philosophy and the Visual Arts*.[1] Auf die Frage, «What would be the foundations of a complex architecture?», antwortet er: «Architecture finds itself in a unique situation: it is the only discipline that, by definition, combines concept and experience, image and use, image and structure. Philosophers can write, mathematicians can develop virtual spaces, but architects are the only ones who are the prisoners of that hybrid art, where the image hardly ever exists without combined activity.»[2]

Fragt man nach dem Begriff der Komplexität, so geschieht dies im Bewusstsein, dass es seit jeher mehr als nur eine Definition, mehr als eine Interpretation und gewiss mehr als nur ein architektonisches Konzept von Komplexität gegeben hat. Man mag Tschumis Ausführungen zur Komplexität zustimmen oder kritisch betrachten. Wesentlich scheint uns in diesem Zusammenhang sein abschließender Gedankengang: «Architecture is not about conditions of design, but about the design of conditions [...].»[3] In ihm wird ersichtlich, dass man in der Reflexion um den Begriff der Komplexität in der Architektur zwangsläufig einen Diskussionspunkt erreicht, bei welchem es nicht mehr nur um eine reine Begriffsbestimmung gehen kann. Besonders die Architektur wird – möglicherweise vielmehr als jede andere kulturelle Disziplin – mit unterschiedlichsten Komplexitätsebenen

1   Bernard Tschumi: «Responding to the question of complexity», in: Complexity. Art, Architecture, Philosophy. Journal of Philosophy and the Visual Arts, hrsg. von Andrew Benjamin, Nr. 6, London 1995, S. 82; «Die Komplexität der Architektur beginnt mit der Unmöglichkeit, nach dem Wesen des Raums zu fragen und gleichzeitig einen wirklichen Raum zu schaffen oder zu erfahren. [...] Wir können nicht beides – erfahren und zugleich das, was wir erfahren, denken.»
2   Ebenda; auf die Frage: «Was wären die Grundlagen einer komplexen Architektur?», antwortet er: «Die Situation der Architektur ist in ihrer Art unvergleichlich: Sie ist die einzige Disziplin, die per definitionem Konzept und Erfahrung, Bild und Gebrauch, Bild und Struktur verbindet. Die Philosophen können schreiben, die Mathematiker können virtuelle Räume entwickeln, aber die Architekten sind als Einzige in dieser hybriden Form der Kunst gefangen, in der das Bild kaum jemals anders existiert als in der Kombination mit Aktivität.»
3   Ebenda, S. 83; «In der Architektur geht es nicht um die Voraussetzungen von Gestaltung, sondern um die Gestaltung von Voraussetzungen [...].» (Übersetzung: Ute Spengler)

der Gegenwart konfrontiert. Dass es vor diesem Hintergrund oftmals eher um Entwürfe einer weiteren Ebene von Komplexität und damit immer auch um das Ersinnen eines weiteren Weltbildes als um das präzise Kategorisieren oder Analysieren schon vorhandener geht, ist offensichtlich. So werden Lesarten von Komplexität erforderlich, die trotz oder gerade wegen ihrer Differenzen unweigerlich zu der Frage nach den jeweiligen Referenzsystemen führen: Welcher Kontext bringt welchen Komplexitätsbegriff hervor und welcher Begriff von Komplexität produziert welchen Kontext?

Als Vitruv den Architekten einen «homo universalis» nannte, hatte er die Grundlagen für das komplexe Selbstverständnis des Architekten als Generalisten geschaffen. Komplexität wurde damit zur selbstverständlichen Grundvoraussetzung von Architektur und Städtebau sowie der Ausbildung der verschiedenen Stilentwicklungen. Der architektonische Komplexitäts-Begriff hielt allerdings mit der durch die Industrialisierung vorangetriebenen gesellschaftlichen Komplexität nicht Schritt. Er verflachte zu einer vor allem formalen Beliebigkeit. Die architektonische Moderne des 20. Jahrhunderts hatte dagegen ihre programmatischen Konzepte der Vereinfachung und Versachlichung («less is more») gesetzt. Vor diesem Hintergrund hat Robert Venturi den Begriff der Komplexität in den Architekturdiskurs eingeführt. Venturi ging es dabei nicht nur um eine Wiedergewinnung der semiotischen Komplexität der architektonischen Form und ihrer Geschichte, sondern auch um das programmatische Eingehen auf das Vorgefundene als konkrete Realität. Nahezu gleichzeitig entwickelt sich vor allem von der Physik ausgehend das, was wir heute «Komplexitätsforschung» (oder: «Complexity Science») nennen. Sie prägt den aktuellen Umgang mit dem Begriff der Komplexität und hat eine neue Verbindung zwischen Naturwissenschaften und Informationstechnologie geknüpft, die mittlerweile auch zu einer zentralen Referenz computerbasierter Entwurfskonzepte geworden ist.

So selbstverständlich es sein mag, Komplexität als Grundvoraussetzung des Lebens im Allgemeinen und der Architektur und der Stadt im Besonderen zu reklamieren, so sehr hatten doch nicht zuletzt die an wissenschaftlichen Vorbildern orientierten Systematisierungsstrategien der klassischen Moderne im Verlauf des 20. Jahrhunderts zu jenen zweckrationalen Versachlichungen der Entwurfs- und Planungsaufgaben geführt, in denen die Reduktion der Komplexität des Lebens auf existenzielle Funktionen und überschaubare Regeln zum obersten Postulat erhoben worden war.

Doch je mehr die Komplexität der Lebens- und Funktionszusammenhänge zum Gegenstand der Vereinfachungsstrategien technokratischer Planungsprozesse auf der einen und der Vereinheitlichung durch industrielle Fertigungsprozesse auf der anderen Seite geworden war, desto sichtbarer wurden ihre Defizite. In welcher Weise dieser Verlust an Identität zum Anknüpfungspunkt sich verändernder Architekturkonzeptionen wurde, die seit den 50er Jahren des 20. Jahrhunderts auf durchaus unterschiedliche Weise das Projekt der Moderne einer Revision unterziehen, beleuchtet der Beitrag von *Andrea Gleiniger*. Es wird deutlich, wie unterschiedlich die Antworten ausfielen, die – noch ganz in der Logik der Moderne – die Faszination an der Abstraktion teilten: sei es nun im Bezug auf die mathematisch-naturwissenschaftlichen Grundlagen des elektronischen, das heißt des Informationszeitalters, sei es in einer architekturtheoretischen Anstrengung, welche die geometrische Formalisierung zum obersten Prinzip erhebt, oder aber in einer phänomenologischen Durchdringung der Geschichte des Bauens, aus der heraus ein neues Bewusstsein für den «Genuis Loci» gewonnen werden sollte.

Doch am Ende war es vor allem das provokante, seit den 50er Jahren entwickelte und 1966 erstmals publizierte Plädoyer für Komplexität und Widerspruch von Robert Venturi, mit dem eine Begrifflichkeit und am Ende eine Wahrnehmungskategorie in den Architekturdiskurs (zurück-) geholt wurde, die zu diesem Zeitpunkt vor allem von der sich vor natur- und computerwissenschaftlichem Hintergrund formierenden Komplexitätswissenschaft beansprucht worden war.

Deshalb liegt das Besondere an Venturis Schrift nicht nur in seinem zwischen architekturgeschichtlicher Spurensicherung und alltagskultureller Anamnese angesiedelten Plädoyer für eine narrative Architektur der Anschaulichkeit und Zeichenhaftigkeit. Bemerkenswert ist auch, dass er eine Begrifflichkeit wie die Komplexität, deren Definitionshoheit zu diesem Zeitpunkt im Gravitationsfeld von Kybernetik, Computerwissenschaften und Informationstechnologie lag, wieder als eine höchst lebendige Kategorie einer auf Kontextualisierung abzielenden Konzeption von Stadt und Architektur fordert. Dass *Robert Venturi* bereit war, uns nicht nur Auszüge aus seiner 1950 an der Universität Princeton verfassten Master-Thesis zur Verfügung zu stellen, die der Grundstein von *Complexity and Contradiction* (1966) war, sondern diese Auszüge auch mit einem Kommentar zu versehen, der die seinerzeit formulierten Positionen aus seiner heutigen Sicht noch einmal prüft, betrachten wir als einen besonderen Glücksfall für das vorliegende Buch. In welchem Maße es damals nicht nur um eine Wiedergewinnung der semiotischen Komplexität der architektonischen Form und ihrer Geschichte ging, sondern um das programmatische Eingehen auf das Vorgefundene als ebenso konkrete wie komplexe Realität, wird besonders deutlich durch den Beitrag, den *Denise Scott Brown* für unser Buch, aber insgesamt auch für die Profilierung von Venturi Scott Brown and Associates (VSBA) geleistet hat. Ihr Insistieren auf der Bedeutung des Begriffes «context», der sowohl die konkreten Bezüglichkeiten einer Situation als auch ihre Abstraktion in die verschiedenen Kategorien einer kulturellen, sozialen und gesellschaftlichen Verfasstheit umfasst, ist nach wie vor von großer Bedeutung für den Komplexitätsdiskurs. Denn nachdem der Anspruch auf Kontextualisierung durch die ideologischen Wechselfälle und Auseinandersetzungen der durchaus vielfältig schillernden Positionen der Postmoderne seit Ende der 1970er Jahre zum Allgemeingut geworden zu sein scheint und in wichtigen Positionen des zeitgenössischen Architekturdiskurses auch immer wieder mehr oder weniger explizit und auf sehr unterschiedliche Weise formuliert wird[4], hat er doch im Lichte digitaler Informationsverarbeitung eine neue Dimension gewonnen. Wenn *Kostas Terzidis* in seinem Beitrag hervorhebt, welche Potenziale in den generativen Entwurfsverfahren, welche die Entwicklungen digitaler Computertechnologie hervorgebracht haben, vor allem dort stecken, wo es um die Bewältigung sehr großer Bauvorhaben – wie etwa im Wohnungsbau oder in der Hochhausarchitektur – geht, dann impliziert dies die Option auf ein neues Möglichkeitsdenken, das vor dem Hintergrund der derzeit noch höchst disparaten Szenarien einer digitalisierten Entwurfsrhetorik um Konzepte bemüht ist, die das ‹schwierige Ganze› der Architektur und ihrer Kontexte nicht nur in der Perfektion der spektakulären und vor allem der ‹komplizierten› Form inszenieren, sondern ihre Verantwortung in Hinblick auf den Kontext erkennen.

---

4   Man denke an den eingangs zitierten Bernhard Tschumi oder auch einen Architekten wie Wiel Arets, dessen mit der Metapher des «Virologischen» belegtes Kontextkonzept einmal mehr eine abstrakte, in diesem Fall medizinisch-naturwissenschaftliche Analogie bemüht. Siehe Wiel Arets : «Een virologische architektuur», in: *de Architect-thema, 57*, S. 42–48. Sowie: *Wiel Arets Architect: Maastricht Academy for the Arts and Architecture,* Rotterdam 1994.

Die Unterscheidung zwischen dem ‹Komplexen› und dem ‹Komplizierten› ist es denn auch, die *Clemens Bellut* zum Anlass einer philosophisch und literarisch grundierten Betrachtung des Komplexitätsbegriffes nimmt. Indem er ihn nicht zuletzt als Topos der Modernitätsklagen ausleuchtet, werden die kulturellen Dimensionen des Komplexitätsdiskurses deutlich.

Gegenüber den wahrnehmungspsychologischen und gestalttheoretischen Konzepten des Komplexitätsbegriffs in der Architektur diskutiert der Beitrag von *Georg Vrachliotis* seine Entwicklung in einem technik- und wissenschaftsgeschichtlichen Zusammenhang. In dieser Entwicklung, ausgelöst durch das Eindringen kybernetischer Modelle in das technische Denken der Architektur in der Mitte des 20. Jahrhunderts, sollte der Umgang mit Komplexität als eine schrittweise «Operationalisierung von Komplexität» verstanden werden, welche schließlich auch zunehmend in informationstechnologischen Anwendungen der gegenwärtigen digitalen Architekturproduktion explizit wird.

Wie sehr der von Robert Venturi initiierte Komplexitätsdiskurs trotz oder gerade wegen seiner forcierten Opposition zu den positivistischen Technologiekonzepten der 50er und 60er Jahre dann doch eine Analogie zu den Entwicklungen und Erkenntnissen der Komplexitätswissenschaften darstellt, führt *Klaus Mainzer* in seinem Beitrag vor. Dass sich die Naturwissenschaften explizit für einen Dialog mit der Architektur zu interessieren beginnen, der seinerseits mehr als eine deskriptiv-metaphorische Analogiebildung bedeutet, ist vergleichsweise neu. Ein wichtiger methodologischer Aspekt großer Teile der Naturwissenschaften liegt in ihrem Versuch, die «komplexe Wirklichkeit in mathematische Symbole und Algorithmen zu fassen», nicht zuletzt aus dem einfachen Grund, sie dadurch überschaubar und verständlich zu machen. Eine der größten Herausforderungen stellt in diesem Zusammenhang das Klima dar, in dessen Komplexität uns *Johann Feichter* einen Einblick gewährt. Feichters Beitrag vergegenwärtigt uns die Meteorologie als Forschungsfeld, das seit John von Neumann zu den frühesten Anwendungsgebieten von Computersimulationen ‹komplexer Systeme› gilt und in dem bis heute wie in kaum einem anderen Komplexität und Simulation miteinander verknüpft sind.

Die vorliegende Essaysammlung zum Begriff der Komplexität bildet gemeinsam mit einem Band zum Thema «Simulation» den Auftakt zur Reihe *Kontext Architektur*.[5] Diese Reihe, die sich die Aufgabe gestellt hat, architektonische Grundbegriffe zwischen Kunst, Wissenschaft und Technologie zur Diskussion zu stellen, ist aus einer intensiven Zusammenarbeit der beiden Herausgeber entwickelt worden. Den Autorinnen und Autoren danken wir für ihre profunden und eigens für dieses Buch verfassten Beiträge. Die Beiträge von Robert Venturi und Denise Scott Brown liegen erstmals in einer ebenfalls speziell für die vorliegende Publikation überarbeiteten und kommentierten deutschen Übersetzung vor. Für ihre Bereitschaft und ihren persönlichen Einsatz sei an dieser Stelle herzlich gedankt. Unser ganz besonderer Dank gilt darüber hinaus Prof. Dr. Hans-Peter Schwarz, dem Gründungsrektor der Zürcher Hochschule der Künste, und Prof. Dr. Ludger Hovestadt, Professur für CAAD an der ETH Zürich. Ihre großzügige finanzielle Unterstützung und inhaltliche Ermutigung hat es erst möglich gemacht, dass das Buchprojekt in dieser Form Gestalt annehmen konnte. Die damit einhergehende Kooperation der beiden Hochschulen reflektiert aber auch den Anspruch, Architektur, Technologie, Kunst und Wissenschaft in einen Dialog zu bringen, in dem einmal mehr die allgegenwärtige Forderung nach Transdisziplinarität einen eigensinnigen Ausdruck erhält. Zur endgültigen Realisierung verholfen hat schließlich der Birkhäuser Verlag. Ganz besonders sei in diesem Zusammenhang Robert Steiger und Véronique Hilfiker Durand für das geduldige, kompetente und stets engagierte Lektorat gedankt.

Andrea Gleiniger, Georg Vrachliotis

---

5   *Simulation. Präsentationstechnik und Erkenntnisinstrument,* hrsg. von Andrea Gleiniger und Georg Vrachliotis in der Reihe *Kontext Architektur. Grundbegriffe zwischen Kunst, Wissenschaft und Technologie,* Basel, Boston, Berlin 2008.

Robert Venturi
ARCHITEKTUR UND KONTEXT:
AUSZÜGE AUS DER MASTER-THESIS (M.F.A.),
UNIVERSITÄT PRINCETON, 1950[1]

Vorwort 2008

Das Thema der vorliegenden Master-Thesis ist die Bedeutung des Kontextes in der Architektur. Damit setzte sich die Arbeit in Widerspruch zur Doktrin der Moderne in den 1950er Jahren und konnte für die damalige Zeit als revolutionär gelten. Heute ist diese Auffassung in Fachkreisen zwar allgemein akzeptiert, wenn nicht gar zum Cliché geworden, doch ihre frühe Behandlung in der vorliegenden Arbeit scheint mir in Vergessenheit geraten zu sein.

So hörte ich vor Kurzem, wie ein Kollege aus Philadelphia erklärte, die heutige Vorstellung, den Kontext als relevantes und lehrreiches Element zu betrachten, sei in den siebziger Jahren aufgekommen. Ich erinnere mich aber in aller Deutlichkeit an das triumphierende Aha-Erlebnis, als ich 1949 in der Bibliothek der *Eno Hall* in Princeton auf die Theorie des Wahrnehmungskontextes in der Gestalttheorie stieß und ihre Bedeutung für die Architektur erkannte. Es war die Zeit, als Architekten ausschließlich «von innen nach außen» entwarfen und die Moderne als universell verwendbares Prinzip gehandelt wurde – zur Hölle mit dem alten Kram, der da, leider Gottes, noch herumstand. Wenn es heute auch schwer fällt, sich darauf zu besinnen, aber so stand es mit einigen wenigen Ausnahmen. Frank Lloyd Wright etwa bezog sich auf die Prärie oder einen Wasserfall in Pennsylvania – auf den Kontext Natur also, nie jedoch auf diese lausige Architektur, die seiner Zeit vorausging. Es ist erfreulich, wenn eine gewagte Idee Akzeptanz findet, aber es schmerzt, dass sie oft missverstanden und falsch angewendet wird.

Außerdem ist zu bemerken, dass hier die Signifikanz des Einbezugs von Bedeutung – und nicht nur von Ausdruck – in der Architektur erkannt wurde, vielleicht zum ersten Mal in unserer Zeit, und dass damit der Weg frei wurde für die Akzeptanz von Pluralität und Multikulturalismus in den methodischen Ansätzen architektonischer Gestaltung.

---

1   Eine vollständigere Fassung meiner Master-Thesis ist zu finden in meinem Buch *Iconography and Electronics Upon a Generic Architecture: A View from the Drafting Room*, Cambridge/Mass. 1966, S. 335–374, © 1996 Massachusetts Institue of Technology, mit freundlicher Genehmigung von MIT Press.

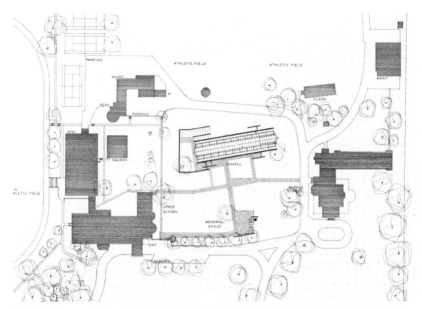

Blatt 19: Aufgabe war der Entwurf einer neuen Kapelle für die damals in Merion, Pennsylvania, beheimatete bischöfliche Akademie. Die Kapelle ist zwischen zwei bestehende Villen gesetzt, in denen die Grund- und Oberstufe getrennt untergebracht waren. Die Kapelle bezieht sich nicht auf einen dieser zwei Teile, sondern, von beiden Teilen abgesondert, auf einen Raum zwischen ihnen. Das führt dazu, dass sich Grundstufen- und Oberstufengebäude aufeinander und damit auf das Innere des Standorts ausrichten und nicht, wie vorher, auf die daran vorbeiführende Straße.

Die Master-Thesis kann auch als Grundlage für mein erstes Buch betrachtet werden: *Complexity and Contradiction in Architecture,* Museum of Modern Art 1966 (dt.: *Komplexität und Widerspruch in der Architektur,* Braunschweig 1978). Ihre These von der Bedeutung des Kontextes hat ein großes und treues Publikum angesprochen und bildet nun seit 50 Jahren auch die Basis der Arbeit von Venturi, Scott Brown and Associates.

Der Hauptteil der Arbeit besteht aus 25 Blättern. Sie führen, ausgehend von einleitenden Erklärungen, über Recherche und Analyse zur Formulierung einer These, die anschließend anhand des Entwurfs einer Kapelle für die damals in Merion, Pennsylvania, angesiedelte bischöfliche Akademie überprüft wurde. Davon sind im Folgenden übernommen: allgemeine einführende Bemerkungen, umfassende Beschreibungen (Exzerpte aus Blatt 11 bis 13) sowie Teile des Entwurfs für die Kapelle [Blätter 19 und 20].

Auszüge aus der Master-Thesis

Absicht

Mit der Aufgabenstellung der Master-Thesis wird die Absicht verfolgt, die Bedeutsamkeit für und die Auswirkung des Standorts auf ein Bauwerk zu zeigen. Untersucht wird die Gestalt(ung) der Umgebung, das Element Umgebung, wie es vom Auge wahrgenommen wird. Erörtert werden insbesondere die Beziehungen zwischen Teil und Ganzem und das, was die Architekten als Raumplanung bezeichnen. Es wurde versucht, Prinzipien zum Verständnis dieser Probleme sowie Methoden zu entwickeln, mit denen sie sich diskutieren lassen.

Folgerung

Daraus ergibt sich für den Gestalter, dass bestehende Standortverhältnisse, die Teil einer Entwurfsaufgabe werden, Berücksichtigung finden sollten und dass der Gestalter durch seine Steuerung der Beziehung zwischen dem Alten und dem Neuen die Wahrnehmung des Bestehenden mit Hilfe des Neuen vertiefen kann.

Inhalt

Die Arbeit geht von der These aus, dass der Standort einem Gebäude Ausdruck verleiht, der Kontext dem Gebäude seine Bedeutung gibt. Folglich verändert sich mit dem Kontext auch die Bedeutung.

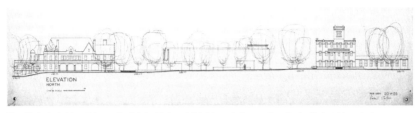

Blatt 20: In der Aufrisszeichnung des Schulgeländes wird sichtbar, wie die neue Kapelle als ‹Bindestrich› zwischen separaten Teilen fungiert.

Ausgangspunkte

Die Ausgangspunkte meines Interesses an diesem Thema sind von Belang. Ein früher und ganz direkter Anstoß war mein Ärger über architektonische Entwurfsaufgaben des New Yorker *Beaux Arts Institute of Design,* die ich als Student bearbeitete: Ihnen fehlten häufig Hinweise auf Standort und Hintergrund des zu entwerfenden Gebäudes, oder sie gaben im besten Fall lediglich die messbaren Dimensionen des Geländes an. Das schloss für mich die gefährliche Annahme ein, das Gebäude könne nur für sich selbst entworfen werden.

Ein weiterer wichtiger Ausgangspunkt liegt in den Erfahrungen, die ich während einer einige Sommer zurückliegenden Reise nach Frankreich und Italien machte, und in der Deutung, die ich ihnen gab. Es war meine erste Reise nach Europa, und mein Aufbruch war von der lebhaften Neugier bestimmt, Wirklichkeit zu entdecken und mit Erwartung zu vergleichen (um George Santayana zu paraphrasieren). Meine Erwartungen beruhten auf Bildern, die sich aus den üblichen grafischen und fotografischen Darstellungsformen für Bauwerke herleiteten. Der Vergleich erzeugte ausnahmslos Überraschungen. Aus diesen Reaktionen und ihren Folgerungen speist sich meine Master-Thesis. Die Überraschungen hatten meiner Analyse zufolge ihren Grund nur selten in dem Unterschied, den die neu hinzukommenden Dimensionen von Raum und Zeit ausmachten, sondern mehr in der Möglichkeit, das einzelne Gebäude und seinen Standort integrierend zueinander in Beziehung zu setzen und als Gesamtheit wahrzunehmen. Die erste Gelegenheit für den Amerikaner, charakteristische Räume des Mittelalters und des Barock – insbesondere die von einer Piazza abgeleiteten – in ihrer Ganzheit zu erleben, löste einen Enthusiasmus aus, der die anschließenden Bibliotheksrecherchen über die römischen Vorgänger zu einem ausgedehnten und stimulierenden Unternehmen machte.

Ein letzter, nichtempirischer Auslöser war die darauf folgende Entdeckung der Gestaltpsychologie. Sie diente als notwendige Grundlage einer Diskussion über Wahrnehmungsreaktionen und als zweckmäßige Quelle präziser Begriffe für einen Architekten, der einige der abgenutzten Vokabeln der eigenen Zunft nur noch widerstrebend verwendet – ein Wort wie «Einheit» *(unit)* etwa, das eine genaue Bedeutung in der Kritik eingebüsst hat, oder auch «Proportion», dessen üblicher Verwendung zum Beispiel Frank Lloyd Wright auf amüsante Weise den Boden entzogen hat.

17

Methode

Methodisch wird das Material wie folgt organisiert und vorgelegt: Die Aufgabe ist im Wesentlichen als großes Diagramm dargestellt, sodass die Größe und Position der Wörter, Zeichen, Pläne, Abbildungen etc. ebenso Bedeutung vermitteln wie ihre symbolischen Bezeichnungen. Die Problemstellung als Diagramm beginnt mit den zwei oben erwähnten Aussagen der Thesis in architektonischen Begriffen, links daneben als Abschnitttitel gleichbedeutende allgemeine Erklärungen in der Sprache der Psychologie, gefolgt von einer erweiterten Ausführung dieser Erklärungen in Form einer Reihe von Diagrammen (Blätter 3 und 5). Die folgende Serie von Blättern (6 bis 15) bildet den Diskussionsteil, gestützt auf die Analyse ausgewählter Beispiele der historischen römischen sowie der amerikanischen Architektur. Die letzte Serie stellt die Anwendung der These auf die Entwurfsaufgabe vor, den Entwurf einer Kapelle für ein bischöfliches Landschulexternat. Der methodische Ansatz und die Recherche für diesen Entwurf bilden den abschließenden Teil der Arbeit.

Das Verhältnis zwischen zwei vertikal angeordneten Diagrammen oder Plänen wie denen des Campodoglio von 1545 und 1939 entspricht überdies der Beziehung zwischen den eingangs abgegebenen Statements eins und zwei. Die Titel und Untertitel der verschiedenen Abschnitte und ebenso die Reihen runder, quadratischer und rautenförmiger farbiger Symbole bilden entsprechende sekundäre Horizontalachsen der Beeinflussung und äquivalenter Beziehungen. Die Kopien von Stahlstichen und die Fotografien der architektonischen Beispiele aus wechselndem Blickwinkel erläutern ihre Bedeutung, während die Art, wie sie relativ zueinander in Beziehung gesetzt und durch Linien verbunden sind, auf Entsprechungen zwischen Abbildungen verweist. Diese Anordnung erleichtert die Einbindung des Materials.

Blätter 1 & 2

Der Untertitel für diesen Teil der Forschungsarbeit könnte lauten: «Die Identifizierung von Raum und Form als Eigenschaften einer Gesamtwahrnehmung». Eine der möglichen Definitionen von Bedeutung besagt: «Bedeutung ist das, was eine Idee als Kontext einer anderen Idee darstellt». Der Kontext gibt einer Idee ihre Bedeutung, und diese Aussage wird in Begriffen der Architektur zum Statement 1 im Diagramm. Der Kontext gibt einem Gebäude Ausdruck. Ein Bauwerk ist kein in sich geschlossenes Objekt, sondern Teil einer Gesamtkomposition und steht in Position und Form im Verhältnis zu anderen Teilen und dem

Ganzen. Statement 2 ist eine Konsequenz von Statement 1: Ebenso wie eine Veränderung im Kontext die Bedeutung in gedanklicher Hinsicht verändert, zieht eine Veränderung des Gebäudestandorts eine Veränderung des Ausdrucks eines Gebäudes nach sich. Ändert ein Teil seine Position oder Form, sind Veränderungen anderer Teile oder des Ganzen die Folge. Diese zwei Variablen stehen in Zusammenhang mit einer Konstante – mit psychologischen Reaktionen, mit den visuellen Reaktionen des Beobachters, mit der Kapazität seiner Aufmerksamkeit, seiner Situation etc. Durch regulierende Anpassung lässt sich zwischen diesen Beziehungen Qualität erreichen.[2]

Bestimmte Eigenschaften des Ganzen unterscheiden sich von Eigenschaften der Teile. Die Ausprägung der Gesamtkomposition kann unterschiedlich dicht sein. Je stärker artikuliert das Ganze ist, desto stärker wirkt sich die Veränderung in einem seiner Teile auf die anderen Teile und auf das Ganze aus.

[...]

Blatt 11
Einer der Gründe für die häufigen Fehlschläge eines architektonischen Eklektizismus liegt in seiner Nichtbeachtung des Kontextes – des visuellen, historischen und funktionalen Kontextes. Der Vergleich einiger «Pantheons» [siehe Blatt 11] ist nur einer von vielen, die man anstellen könnte, und lässt an die Erfahrung denken, zu der in Emersons Gedicht *Each and All* («Jede und alle ») die Muscheln Anlass geben:

> The delicate shells lay on the shore;
> The bubbles of the latest wave
> Fresh pearls to their enamel gave...
> I wiped away the weeds and foam,
> I fetched my sea-born treasures home;
> But the poor, unsightly, noisome things
> Had left their beauty on the shore...
> All are needed by each one;
> Nothing is fair or good alone.[3]

---

2   Das auf Blatt 1 und 2 erscheinende Diagramm mit Zitaten vergleicht die Bedeutung dieser Idee für den Psychologen und den Architekten.

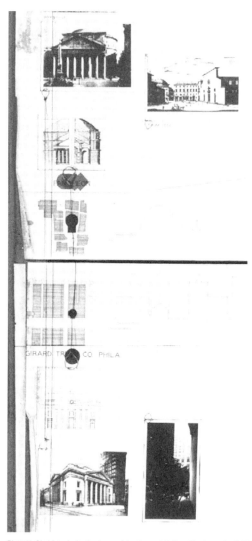

Blatt 11: Die historische Analyse zeigt, wie vergleichbar überkuppelte Gebäude in unterschiedlichen urbanen Kontexten ihr Erscheinungsbild und ihre Bedeutung ändern. Wiedergegeben sind Zeichnungen und Fotografien des römischen Pantheons (oben) und der *Girard Trust Bank* in Philadelphia (unten).

Der Standort des Pantheons ist vielleicht nicht ideal, aber die geringe Größe und unmittelbare Nähe der benachbarten Gebäude tragen zu seiner bedeutenden Wirkung bei und verstärken mit ihrer Eckigkeit den beherrschenden Eindruck seiner Kuppel. Vor allem aber hebt die Form der umschließenden Piazza es als Zentralgebäude hervor, als Klimax einer städtischen Gesamtkomposition, wie es die Form des Kuppelrundbaus und seine Funktion verlangen.

Das Gebäude der *Girard Trust Bank* in Philadelphia von McKim, Mead, and White konkurriert mit Wolkenkratzern, wird zu einer Einheit in einer Reihe von vielen innerhalb eines gitterförmigen Straßennetzes, eine Lage, die seiner eigentlich zentralen Position widerspricht.

Die Rotunde in Jeffersons Universität von Virginia, als Bibliothek letzten Endes zwar ungeeignet, kann ihrer Zentralität innerhalb eines kompositorischen Ganzen dagegen erfolgreich Ausdruck geben, da ihre Wahrnehmung durch die flankierenden Nebengebäude und ihre Lage auf der Hügelkuppe verstärkt wirkt. Die Vorstellung von der Bibliothek als dem Zentrum der Universität wird auf diese Weise mit Nachdruck unterstrichen.

Diese Master-Thesis und ihre praktische Anwendung fallen unter den Begriff der sogenannten organischen Architektur, aber die Berücksichtigung des Kontextes läuft einer klassischen Tradition in der Baukunst nicht zuwider. Die Definition, der zufolge «Bedeutung ist, was eine Idee als Kontext einer anderen Idee darstellt», könnte unverändert auch für eine klassische Vorstellung der Proportion gelten. Das klassische Konzept würdigt den Kontext innerhalb der Gestaltung durchaus – im Verständnis des Gebäudes als System von Beziehungen geometrischer Formen. Doch in seinem Universalitätsanspruch und in der feh-

3 Zierliche Muscheln lagen am Strand,
Schaumkronen letzter Wellen lagen
Wie Perlen über ihrem Glanz...
Ich wischte Schaum und Schilf beiseit
Und trug den Schatz des Meeres heim,
Doch waren sie armselig, unscheinbar und garstig jetzt
Und ihre Schönheit blieb zurück am Strand...
Jede einzelne braucht alle,
Nichts ist schön und gut allein.
Ralph Waldo Emerson: «Each and all», in: *Selected Essays, Lectures and Poems,* New York 1990, S. 365, Übersetzung von Ute Spengler. Die Anregung, dieses Zitat als geeignete Analogie zu meiner Dissertation zu verstehen, stammt von meiner Mutter.

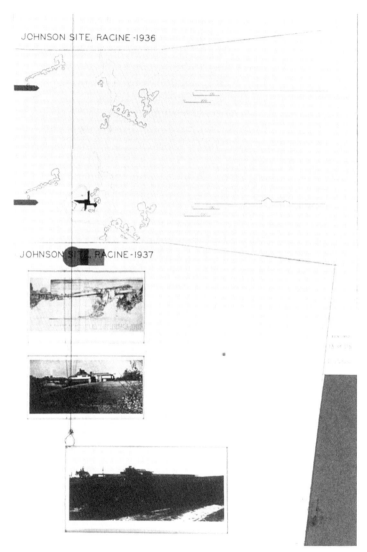

JOHNSON SITE, RACINE -1936

JOHNSON SITE, RACINE -1937

Blatt 13: «Vorher» und «nachher»: Geländeschnitte zeigen, wie Frank Lloyd Wrights Haus Johnson in Racine, Wisconsin, dem Standort in der Prärie einen positiven horizontalen Charakter verleihen.

lenden Betonung des natürlichen und architektonischen Umfelds bleibt der Kontext in organischer Hinsicht im klassischen Ansatz unberücksichtigt.

In den platonischen und neoplatonischen Implikationen dieses Kontextverständnisses weicht die klassische Überlieferung insofern grundsätzlich vom Prinzip des Organischen ab. Ein bestimmtes Verhältnis oder System von Proportionen ist anderen stets überlegen und universell gültig, und das verhindert die Anerkennung der Vielfalt von Rahmenmilieus, die unumgänglich sind und im organischen Ansatz fruchtbar werden können.

Blätter 12 & 13

Frank Lloyd Wright spricht häufig vom bedeutsamen Einfluss des Standorts auf den Entwurf eines Gebäudes. Doch diese These schließt ein, dass ein solcher Einfluss wechselseitig ist. Und in seiner *Autobiography* bekräftigt er diesen Gedanken mit besonderem Bezug auf sein Haus Johnson in Racine *(Wingspread):* «Das Haus hat sich auf den Standort bemerkenswert ausgewirkt. Bevor das Haus errichtet wurde, hatte das Gelände nichts Reizvolles... die Landschaft [erhält] Charme.»[4] Die Abbildungen bestätigen, dass das negative Erscheinungsbild dieses Präriegeländes später einen positiven horizontalen Charakter annahm – zum einen durch seine Aufnahme in die Komplementärform des Hauses, die horizontal mitschwingt, und zum anderen durch die Verwendung von Material, das dem Gelände in Textur und Farbe entspricht [Blatt 13]. Dieser Gebäudetypus kann als Beispiel für das frei stehende Landhaus gelten, das durch seine Beziehung zum Standort Teil einer Gesamtwahrnehmung wird.

4   Frank Lloyd Wright: *An Autobiography,* San Francisco 1943, S. 478.

Denise Scott Brown und Robert Venturi, 1968

Denise Scott Brown
KONTEXT UND KOMPLEXITÄT[1]

Als ich einmal in Amsterdam durch eine Straße mit Wohnhäusern aus dem 19. Jahrhundert ging, fiel mir ein Haus auf, das offenbar aus dem 20. Jahrhundert stammte. Aus welcher Zeit genau, war schwer zu sagen. Die Schmucklosigkeit und die Proportionen der Fenster ließen an die 1930er Jahre denken. Ebenso gut hätte es auch eine Version der Moderne aus den fünfziger oder sechziger Jahren sein können. Dann bemerkte ich, dass das Oberlicht über der Eingangstüre vom Nachbarhaus kopiert war. Das deutete auf eine Entstehung in der Postmoderne der Achtziger. Ein PoMo-Gebäude erkennt man daran, dass es die benachbarten Gebäude nachahmt. Ein Architekt der Moderne hätte sich dazu niemals herabgelassen.

Die Postmoderne setzte erneut eine Diskussion über den Kontext in der Architektur in Gang, bei der es aber weitgehend um Übernahmen aus historischen Bauwerken und deren Einfügung in einen bestehenden Kontext ging. Mir geht es darum, diese Diskussion mit dem folgenden Beitrag zu erweitern: den Kontext in einen breiteren Kontext zu stellen.

Ich darf mich glücklich schätzen, dass ich zu Beginn meines Architekturstudiums Zeit in der Wildnis verbrachte, in Gegenden, wo mir nichts vor Augen kam, was auf die Präsenz menschlicher Wesen hinwies. Angesichts der Einsamkeit der Natur hatte ich das Gefühl, dass jedes Gebäude, gleichgültig wie groß, nur ein Eindringling sein konnte. Hier, so schien es, sollten wir Menschen uns in die Landschaft einfügen, ein Teil von ihr werden und keine Spuren hinterlassen. Das war zweifellos eine romantische Vorstellung des 19. Jahrhunderts, aber die Umweltbewegung hat dieses Konzept wiederbelebt und verlangt, dass wir es beachten. Für mich jedenfalls kann Rücksichtnahme auf die Umwelt auch ein Bauverbot einschließen.

---

1   Erstmals erschienen als «Context and Complexity» im Kapitel 8 von: Robert Venturi, Denise Scott Brown: *Architecture as Signs and Systems for a Mannerist Time,* Cambridge/Mass. 2004. Der Artikel ist seinerseits die erweiterte Fassung der Überlegungen in: «Talking about Context», in: *Lotus* 74, November 1992. Die Abbildungen sind Kapitel 9 («Essays in Context») des oben genannten Buchs entnommen.

CONSEIL GÉNÉRAL, HÔTEL DU DÉPARTEMENT de la HAUTE-GARONNE, TOULOUSE, FRANCE

Die Anordnung der Gebäude ergab sich aus unserer Analyse der urbanen Muster des Kontextes – Canal du Midi, Minimes-Brücke, Avenue Honoré Serres, kleine Straßen an der Peripherie und kommerzielle Knotenpunkte direkt im Süden und Norden. Die Entscheidung, das Gebäude um einen Fußweg herum anzuordnen, der die Knotenpunkte durch das Standortgelände hindurch diagonal verbindet, war stärker kontextbezogen, als wir ahnten. In einer späten Bauphase entdeckten wir, dass an der Stelle, wo heute der Weg verläuft, einmal eine Straße war.

Eine zweite kontextuelle Herausforderung bestand darin, ein großes Verwaltungsgebäude mit den Büros der regionalen Regierung in einen heiklen, klein dimensionierten Teil der Stadt einzufügen – ein lebendiges, unruhiges Gebiet voller Autos und enger Gassen, bescheidener Privatgebäude und zauberhafter Einblicke. Unsere Entscheidung, zwei parallel angeordnete Gebäude zu errichten, ihre Höhe begrenzt zu halten und den Großteil des Baukörpers im Inneren des Standortgeländes zu belassen, hing mit der Ausdehnung dieser Umgebung zusammen.

Der Kontext in der Moderne

Zwar taucht der Begriff vor den siebziger Jahren des 20. Jahrhunderts in der Architektur nicht auf, doch war der Kontext schon für die frühe Moderne ein Thema, allerdings ohne dass dieses Wort verwendet wurde. In den späten vierziger Jahren wurde mir beigebracht, ich müsse mich entscheiden, ob ich Gebäude entwerfen wolle, die sich von der Landschaft abheben – wie Le Corbusier – oder solche, die sich darin einfügen– wie Frank Lloyd Wright. Für meine Lehrer war der Kontext die Landschaft. Er wurde als etwas betrachtet, auf das ein Gebäude wirkt, indem es sich abhebt oder indem es sich einbettet, er galt aber nicht als eigenständiges Element, das einen andauernden und sich verändernden Dialog mit dem Gebäude führt.

Dem entspricht das Wörterbuch, das Kontext als «um einen Text oder einen Diskurs» definiert. Das Zentrum ist der Text. Die Definition impliziert, dass das, was das Zentrum umgibt, selbst inaktiv ist. Diese Auffassung des Kontextes als passiver Hintergrund wurde von den Architekten der Moderne auf den Urbanismus übertragen. Die frühen Modernen empfahlen, die bestehende Stadt zu beseitigen und durch eine Parklandschaft zu ersetzen, aus der heraus ihre Glastürme unbeschwert in die Höhe steigen könnten. Später wurde aus Landschaft *(landscape)* Stadtlandschaft *(townscape),* und von den Gebäuden der Moderne wurde erwartet, dass sie mit der bestehenden Stadt – obzwar in Kontrast zu ihr stehend – eine Einheit bildeten. Die Erweiterung des Göteborger Gerichtsgebäudes durch Gunnar Asplund interessierte die Architekten dieser Richtung, weil sie sich an die vorgegebenen Dimensionen und die Fassadenebene des bestehenden Gebäudes hielt und gleichzeitig emphatisch der Moderne verpflichtet war: ein Skelettbau, der sich vom anschließenden Mauerwerk kompromisslos abhob.

Eine zweite Richtung der Moderne erließ Vorschriften für «gutes Benehmen in der Architektur»[2]. Solches Benehmen setzte voraus, dass Material, Proportionen, Gesimshöhen, die Abstände zwischen Wand und Fenster sowie weitere Regulative der Nachbargebäude in der Fassade des neuen Gebäudes beibehalten wurden, doch übersetzt in ein Idiom der Moderne, das der historischen Umgebung in höflicher Analogie verpflichtet blieb. Studierende meiner Generation nannten diese Einstellung «grauenhaft guten Geschmack»; im Europa der frühen

---

2   A. T. Edwards: *Good and Bad Manners in Architecture,* London 1944. Das Buch war eine der Quellen für diesen Ansatz, obwohl Edwards selbst nicht zur Moderne gehörte.

In Toulouse ist sogar die gotische Architektur aus rotem Backstein. Es ist eine Stadt mit tiefen Schatten, hellem Sonnenlicht und einem Himmel intensiver Bläue. Die Gebäude im unmittelbaren Kontext unseres Baugeländes sind aus Mörtel und Kalkstein, durchsetzt mit Ziegeln. Das Gesamtbild ist nicht so rot wie die Innenstadt. Deshalb sind in unserem Komplex Ziegel mit Kalkstein gemischt, aber beim inneren Fußweg und bei den Zugängen überwiegt das Rot. Am Hauptzugang, dort, wo der Pont de Minimes auf die Avenue Honoré Serres trifft, brachten wir die Säulen in Erinnerung, die einmal diesen Torweg gekennzeichnet hatten.

Die wechselnden Dimensionen des Gebäudes repräsentieren das weitläufige Gefüge der staatlichen Verwaltung. Über dem inneren Durchgang sind die zwei Flügel durch Passarellen aus Glas und Metall verbunden, die sich vom Backstein abheben. In ihnen spiegeln sich den ganzen Tag über in wechselnder Form Hof und Himmel. Oben sieht man die Menschen über die Passarellen gehen, und unten öffnen sich tiefe Durchblicke auf die Gebäude in der Nachbarschaft.

Fünfziger war sie weit verbreitet (und ist in vielen Universitäten bis in den Anfang des 21. Jahrhunderts der bevorzugte Zugang zum Bauen geblieben). Während des Wiederaufbaus europäischer Städte nach dem Zweiten Weltkrieg fiel die Tradition als eine starke Kraft ins Gewicht, mit der zu rechnen war. Die Reaktionen reichten von der vollständigen Restaurierung des Zerbombten bis zur ebenso radikalen Hinwendung zu kontrastierenden Formen sowie verschiedenen Vermittlungsversuchen zwischen diesen Extrempositionen. In den Vereinigten Staaten wurde die Notwendigkeit, in die bestehende Stadt einzugreifen, weniger dringlich empfunden: Die Stadterneuerung in den fünfziger Jahren folgte dort hauptsächlich Le Corbusiers Paradigma der glänzenden Türme, die allerdings häufiger als in den Parks der Ville Radieuse von Autostraßen oder Parkplätzen umgeben waren. Die Reaktion auf diese Art städtischer Sanierungsmaßnahmen spielte eine Rolle in der wachsenden Bedeutung des Kontexts für die amerikanischen Architekten und Urbanisten der siebziger Jahre.

Ein interaktives Modell

Robert Venturi schrieb im Jahr 1950 über den Kontext. Er hatte in den vierziger Jahren bei Jean Labatut in Princeton gelernt, dass Harmonie in der Literatur ebenso durch Kontrast wie durch Analogie erreicht werden kann, und entwickelte eine Vorliebe für ein Überblenden von «sich abheben und doch vermischen» mit dem Effekt einer, wie er es später nannte, «grauen Krawatte mit roten Tupfen».[3] Bob kam zu der Überzeugung, dass eine unbeirrte Konzentration auf den Kontext die Planung von Gebäuden bereichern konnte – dass Kontext eine «Bedeutung» hatte und jeder Zuwachs neuer Gebäude die Umgebung neu interpretieren und ihre Bedeutung erweitern konnte. Er zitierte Frank Lloyd Wright: «Das Haus hat sich auf den Standort bemerkenswert ausgewirkt. Bevor das Haus errichtet wurde, hatte das Gelände nichts Reizvolles – aber es ist wie die Wirkung eines Entwicklers, den man über ein Negativ schüttet: Man betrachte die Umgebung im Rahmen der Architektur des Hauses von innen, und irgendwie, wie durch Magie, erhält die Landschaft Charme, wohin man auch blickt. Der Ort scheint lebendig zu werden.»[4]

---

3   Robert Venturi: *Context in Architectural Composition*, Diss. Universität Princeton 1950. Vgl. auch: «An Evolution of Ideas», Kapitel 9 in: Venturi, Scott Brown 2004, wie Anm. 1.
4   Frank Lloyd Wright: *An Autobiography*, San Francisco 1943, S. 478.

Die Außenwände und Fenster des Gebäudes haben von Toulouse gelernt, und wie in der historischen Innenstadt verursachen Kolonnaden entlang des mittleren Durchgangs im Hof einen starken, dunklen Schattenwurf.

«Betrachte den Kontext als lebendig, und hilf ihm, lebendig zu sein» – dies scheint ein treffender Ratschlag für Gestalter in der urbanen Landschaft zu sein. Möglichkeiten dazu gibt es unzählige. Ästhetisch können Interaktionen mit dem Kontext so buchstäblich sein wie Entlehnungen vom Nachbargebäude; Anspielungen können aber auch so flüchtig sein wie das Aufblitzen eines Fisches im Wasser. Sie finden vermutlich statt, ob wir uns dessen bewusst sind oder nicht, aber eine kreative und bewusste Beachtung des Kontexts kann eine reichere, bedeutsamere Architektur hervorbringen. Übertriebene Beachtung dagegen kann servile Glätte produzieren. Der Architekt, der den Kontext nicht gelten lässt, ist schnöde; der, der nur ihn gelten lässt, ist öde.[5]

Den Kontext im Kontext sehen

Kontext bedeutet mehr als physische Korrespondenz. An der Universität von Pennsylvania schlossen Sozialwissenschaftler und -planer die vibrierende, wenn auch leidende *soziale* Stadt, die uns umgibt, in die Definition des städtischen Kontextes ein. Zur selben Zeit gab die Pop Art den uns unmittelbar umgebenden Gegenständen des Alltags neue Bedeutung, oft dadurch, dass sie deren Kontext veränderte.

Von diesen Entwicklungen beeinflusst, gaben unsere Untersuchungen unter dem Titel *Learning from* dem Kontext ein stärkeres Gewicht, als die Moderne ihm zugestanden hatte. Den Auftakt unserer Untersuchungen machte der Las Vegas Strip, der uns als Archetyp der Einkaufsmeilen und Autoschlangen galt, wie sie an der Peripherie jeder amerikanischen Stadt zu finden sind.[6]

Als Architekten unser Handwerk sondierend, analysierten wir die physischen Aspekte von Schildern und Gebäuden am Strip, doch unsere Perspektive ging über das Visuelle hinaus und bezog den ökonomischen, kulturellen, symbolischen und historischen Kontext ein. Die nachfolgende Studie *Learning from Levittown* legte den Akzent auf die sozialen und kulturellen Dimensionen des Wohnbaus und den Einfluss dieser Faktoren auf seinen Bild- und Symbolcharakter.[7]

---

5 «The architect who cares not at all for context is a boor; the one who cares only for context is a bore.»
6 *Learning from Las Vegas,* ein Forschungsprojekt, das im Herbst 1968 an der Universität Yale durchgeführt wurde; veröffentlicht als: *Learning from Las Vegas,* Cambridge/Mass. 1972, überarb. Ausg. 1977. Deutsche Ausgabe: *Lernen von Las Vegas. Zur Ikonographie und Architektursymbolik der Geschäftsstadt,* 1979.
7 Universität Yale, Frühling 1972 – veröffentlicht als: «Remedial Housing for Architects' Studio», in: Venturi, Scott Brown u. Partner: *On Houses and Housing,* London 1992; New York 1992, S. 51–57.

Aus Form und Lage des Gebäudes ergibt sich, dass es beim Gang durch die kleinen Gassen auf reizvolle Art immer wieder flüchtig in Erscheinung tritt, während belebte Verkehrsadern weite, aber unübersichtliche Ausblicke gewähren.

Vitaler Kontext durch Wandel

Unsere Untersuchungen beschrieben Kontexte von sehr viel größerem Umfang als die Gebäude, die sie umgaben. Sie hatten ein vitales Eigenleben, das sich aus Kräften nährte, die sie zu andauernder Formung und Umformung führten – Kräfte, die sich auch auf das einzelne Projekt auswirkten. Selbst wenn das Wort «Kontext» nicht mehr bedeutet, als ringsum oder neben etwas zu sein, bedurfte es dennoch einer aktiven Beziehung zwischen Objekt und Kontext. Der Gestalter eines Gebäudes oder Gebäudekomplexes hatte die Möglichkeit, in den sich verändernden Kontext einzutauchen, seine Bedeutungen im Rahmen des einzelnen Projekts zu benutzen und anzupassen und damit den Kontext erneut zu verändern. Und so waren beide in einem unablässigen Wandel begriffen. Eine Untersuchung des fluktuierenden Kontextes konnte vielleicht Prinzipien und Leitlinien für die Entwurfspraxis abwerfen, von denen sich lernen ließ – aber auf die Tupfen-Art, nicht in sklavischer Befolgung.

In der Stadt wirkt sich der Wechsel von Aktivitätsmustern mit der Zeit als Veränderung von Gebäuden wie auch ihrer Kontexte aus. Dieser Wandel verläuft bei beiden möglicherweise unterschiedlich schnell, was zu sprunghaften Veränderungen der städtischen Dimensionen führen kann. Man denke an die kleinstädtische Kirche, deren Turm die Landschaft beherrschte. Hundert Jahre später ist sie von Wolkenkratzern umgeben. Im Verlauf des urbanen Wandels wird das Dorf durch große, neue Gebäude ersetzt. Das verursacht Brüche, die verstören können; aber lebendige Städte verändern sich – Hintergrund wird zum Vordergrund, Geschichte weicht der Gegenwart. Die Bauwerke der Renaissance und des Barock, die wir bewundern, sind meist nicht auf der grünen Wiese entstanden; mittelalterliche Gebäude waren beseitigt worden, um sie errichten zu können. Im Ringen zwischen Wandel und Dauer sind leichte Antworten sicherlich kaum zu erwarten, aber der Versuch, die Prozesse urbaner Veränderungen und die wechselhaften Beziehungen zwischen dem ewig wandelbaren Projekt und seinem ewig wandelbaren Kontext zu verstehen, könnte eine Hilfe sein.

Kultureller Kontext, kulturelle Relevanz

Vom kulturellen Kontext können die Architekten lernen, wie in einer bestimmten Zeit gearbeitet wird. Bauliche Konventionen – die Art, wie Wände, Dächer und Öffnungen hergestellt werden – lassen sich in der gewöhnlichen Architektur unserer alltäglichen städtischen Umgebung entdecken. Diese Konventionen, so unsere Überzeugung, sollte man beim Bauen weitgehend einhalten, denn sie sind praxisnah und kulturell bedeutsam. Und weil sie sich hier und heutzutage aus der Architektur der Moderne herleiten, sollten wir im Allgemeinen und in den Hauptteilen unserer Gebäude den Regeln der Moderne folgen.

Von der kulturellen Relevanz ausgehend, stellen wir die Tendenz postmoderner Architekten in Frage, wahllos zu übernehmen, was – im buchstäblichen oder übertragenen Sinn – «nebenan» ist, das heißt Ideen, die intellektuell oder ästhetisch naheliegen. So stammen einige frühe postmoderne Anleihen von Ledoux, einem französischen Architekten des 18. Jahrhunderts, den die Vertreter der Moderne in den fünfziger Jahren verehrten, wahrscheinlich weil seine Bauten denen der Brutalisten ähneln. Sind die Arbeiten von Ledoux aber relevant für die symbolischen oder funktionalen Ansprüche des Wohnbaus in den Vereinigten Staaten? Angesichts der historischen Einflüsse der italienischen Baukunst in England und später der englischen in Nordamerika scheint uns Palladio eine kulturell angemessenere Quelle. Unsere Analysen der Quellen von Bildern und Symbolen im amerikanischen Wohnbau stellten sowohl in Levittown als auch in den Hamptons auf Long Island Palladio in den Mittelpunkt. Ebenso lässt sich fragen, warum die neuen Bürogebäude der achtziger Jahre in Chicago Themen aus dem dortigen Theaterbau von Sullivan übernahmen? Wären die Bürobauten der Chicagoer Schule aus dem 19. und frühen 20. Jahrhundert kein signifikanteres und praktischeres Modell gewesen?

Geschickte Anspielungen

Die folgende These ist von der Frage nach der Berechtigung von Nachahmungen überhaupt und ihrer angemessenen Ausführung zu trennen. Wir sind zwar der Meinung, dass Nachahmungen – Anspielungen – in der einen oder anderen Form fast unvermeidbar und oft erwünscht sind, kritisieren aber die schwerfällige Buchstäblichkeit postmoderner Entlehnungen und haben für uns selbst nach einem leichteren, verbindlicheren Gestus gesucht. Unsere Erweiterung der Londoner Nationalgalerie zum Beispiel lehnt sich – als Anbau – durchaus an das benachbarte Gebäude an. Doch der Sainsbury-Flügel ist trotz Anspielung auf seinen historischen Kontext und dessen Modulierung ein innen und außen modernes Gebäude. Es weist moderne Konstruktionsmethoden auf und ist in der Mehrheit seiner Details und Räume an üblichen modernen Verfahren orientiert. Das Schema seiner Verkehrsflächen und die Raumaufteilung im Grundriss unterscheiden sich wesentlich von denen des historischen Museums, dessen Erweiterung es bildet. Die Anspielungen sind Reaktionen sowohl auf seinen Kontext als auch auf seinen Inhalt – Gemälde der Frührenaissance – und machen von traditionellen Themen auf moderne Art Gebrauch. So haben die synkopierten Rhythmen und Stellungen der Pfeiler und Öffnungen an der Fassade in der traditionellen Architektur keine Entsprechung.

Als Vertreter der heutigen (nicht aber Post- oder Neo-) Moderne verstehen wir Kommunikation und Anspielung als einen Teil der Funktion von Gebäuden, versuchen jedoch sicherzustellen, dass unsere Anspielungen den historischen Vorläufer repräsentieren, nicht kopieren, dass sie nicht täuschen. Man weiß, woraus das eigentliche Gebäude besteht – was sich unter der Haut befindet oder hinter der Fassade hervorblitzt. Hinter der Dekoration und ringsum ist immer der Schuppen präsent, die Täuschung bleibt an der Hautoberfläche, und die «Haut» ist manchmal nichts weiter als Oberfläche aus Licht ohne Tiefe.

Erweiterung des Begriffs

Mein Vorschlag, die Idee des Kontextes in ihrem Kontext zu betrachten, schloss den Gedanken ein, dass der Begriff für unsere Aufgabe als Architekten und Urbanisten ungeeignet sein könnte. In seiner engeren Definition ist er zu objektbezogen, zu statisch.

Darum habe ich versucht, die Definition so zu erweitern, dass der Wert des Begriffs erhalten bleibt. Das wiederum hat den Kontext mit der Vorstellung von «Mustern und Systemen»[8] in Verbindung gebracht. Das weiter gefasste Mandat, den Kontext im Kontext anzusiedeln, bedeutet also, innerhalb der Fluktuationen des ökonomischen, kulturellen und sozialen Lebens zu arbeiten, das uns umgibt, seine Systeme zu verstehen und die Muster, die sie bilden, zu respektieren.

Wir glauben, dass alle Gebäude, sogar Gebäude, die im «Hintergrund» stehen, zur Erweiterung ihres Kontextes beitragen sollten; diskutabel ist dabei allerdings, inwieweit diese Beiträge angemessen sind. Und auch wenn sich einige Bauten allzu stolz behaupten, so soll doch jedes Gebäude seinen Kontext besser machen, als es ihn vorgefunden hat. Kontextuelle Architektur wird so zu einer Architektur, die sich innerhalb der natürlichen und menschlichen Umwelt in ästhetischer und funktioneller Hinsicht behauptet und mit der Zeit zu ihren sich wandelnden, pulsierenden Strukturen beiträgt.

---

8 Ausgeführt in: «Architecture as Patterns and Systems; Learning from Planning», in: Venturi, Scott Brown 2004, Teil 2, wie Anm. 1.

Andrea Gleiniger

«DAS SCHWIERIGE GANZE» ODER DIE (WIEDER-)ENTDECKUNG DER KOMPLEXITÄT IN DER ARCHITEKTUR

Im Jahr 1959 machte das amerikanische Designerehepaar Charles und Ray Eames mit einer neuartigen Medieninstallation Furore: In der von Buckminster Fuller realisierten geodätischen Kuppel des amerikanischen Ausstellungspavillons auf der Weltausstellung in Moskau präsentierten sie auf sieben monitorförmigen Leinwänden eine großformatige Collage aus Filmsequenzen und Bildern. Die Multivisionsschau trug den Titel *Glimpses of the US,* ihr Thema: der American way of life [Abb. 1]. Die Inszenierung war nicht nur ein politisches, sondern auch ein medientechnologisches Ereignis. Kaum anderthalb Jahrzehnte nach dem Ende des Zweiten Weltkrieges waren es nicht zuletzt dessen informations- und medientechnologische Errungenschaften, die hier aufgegriffen und ebenso bildmächtig wie medienwirksam in einem zivilen, wenn auch auf dem Höhepunkt des Kalten Krieges nicht ganz friedfertigen Szenario zum Einsatz kamen: Die direkte Ableitung ihrer Bildschirminstallation aus den simultanen Übertragungs- und Überwachungsfigurationen der *War Situation Rooms,* die sich in den mittlerweile alltäglich und allgegenwärtig gewordenen Kontrollräumen wiederfanden, war dabei ebenso präsent wie das filmische Spiel mit modernsten Beobachtungstechnologien, das angesichts der zwei Jahre zuvor von den Sowjets erfolgreich absolvierten Sputnik-Mission seine besondere Pikanterie erhielt.[1]

Informationsdesign: Visualisierungsstrategien für das Computerzeitalter

Mit *Glimpses* markierten die Eames ein Terrain, das sie von nun an wie kaum ein anderer bespielen sollten: die Entwicklung von Visualisierungsstrategien für das Informations- und Computerzeitalter. In einer Fülle von Installationen und filmischen Arbeiten[2] loteten sie nicht nur die medialen Möglichkeiten aus, auch die Inhalte entstammten dessen Logik: Schon 1952 hatten sie die Informationstheorie Claude Shannons (1949) mit spielerischem Ernst in einem Trickfilm

---

1   Vergleiche hierzu vor allem: Beatriz Colomina: «Enclosed by Images. The Eamses Multimedia Architecture», in: *Grey Room 02,* hrsg. von Grey Room Inc. and Massachusetts Institute of Technology, Cambridge/Mass. 2001, S. 6–29. Dort finden sich auch weiterführende Literaturangaben zum ‹Komplex Eames›.

2   Die Filme der Eames sind mittlerweile in einer 5 DVDs umfassenden Filmografie dokumentiert. Siehe hierzu: http://www.eamesoffice.com/index2.php?mod=filmography.

Abb. 1: Ray und Charles Eames: Multiscreen-Installation *Glimpses* im amerikanischen Pavillon (Buckminster Fuller) der Weltausstellung in Moskau, 1959.

erläutert. 1964, auf der Weltausstellung in New York, knüpften sie an ihre Arbeit für den Moskauer Pavillon an: In einer Installation von diesmal 22 Monitoren unterschiedlichen Formats inszenierten sie für den Pavillon des amerikanischen Büromaschinen- und Computerherstellers IBM die Multivisionsschau *Think*[3], in der sie die Bedeutung und Allgegenwart des Computers als «Komplexitätsbewältigungsmaschine» vor Augen führten, die längst umfassend in die Systematisierung der logistischen Abläufe des Alltags eingegriffen hatte [Abb. 2].

Konsequent experimentieren die Eames an der szenografisch-medialen Vergegenwärtigung der mathematisch-naturwissenschaftlichen Grundlagen des elektronischen Zeitalters im Spannungsfeld von Kybernetik, Informationstechnologie und Computerwissenschaft – bis hin zu ihrer exemplarischen Ausstellungsinstallation *A Computer Perspective* aus dem Jahr 1971. Mit der dort eingerichteten sogenannten «History Wall» schufen sie eine Art Display, das lineare und räumliche Erzählweisen in einem vielschichtigen dreidimensionalen Raster zusammenfasste. Es entstand eine komplexe Anordnung, in der sich die nicht linearen Hypertextstrukturen des Computerzeitalters anzudeuten schienen: eine Metapher für die Komplexität des Gedächtnisses (der Geschichte) und die Komplexität der Abläufe, die durch den Computer repräsentiert werden.[4]

Zwischen der Komplexität simultaner Wahrnehmungserfahrung und der synthetisierenden Komplexität mathematischer Abstraktionsverfahren oszillierend, positionierten die Eames in ihren Film- und Ausstellungskonzepten einen neuen Begriff von Informationsdesign; sie entwickelten ein visionäres Konzept einer Informationsarchitektur[5], wie es zuvor in der klassischen Moderne vor allem im Kontext der avancierten Ausstellungsgestaltungen eines László Moholy-Nagy oder eines Herbert Bayer angedacht worden war.[6]

3 *View from the People Wall* (geplant für Vol. 7–8 der Eames-Filmografie) stellt eine Zusammenfassung von *Think* dar.

4 «Thus a visitor moving from one place to another in front of the History Wall would find that certain objects, graphics, and comments would disappear from view, while others would appear, providing a fluid of constantly shifting kaleidoscopelike effect, a kinetic equivalent of the actual passage of time correlated with the viewer's movement. In this way the exhibit technique reproduced the complexity and interaction of the forces and creative impulses that had produced the computer.» Bernhard Cohen: «Introduction», in: Charles Eames und Ray Eames: *A Computer Perspective. Background to the Computer Age,* New Edition, Cambridge/Mass., London 1990, S. 5.

5 Colomina 2001, wie Anm. 1, S. 23.

6 Zu Recht weist Beatriz Colomina auf den Zusammenhang mit den optischen Untersuchungen Herbert Bayers hin. So hatte Bayer schon 1930 anlässlich des deutschen, vom Bauhaus bestimmten Beitrages zur 20e exposition des artistes décorateurs français, die 1930 im Grand Palais in Paris stattfand,

Abb. 2: Ray und Charles Eames: Multiscreen-Installation *Think* im IBM-Pavillon auf der Weltausstellung in New York, 1964.

Zwischen Informationstechnologie und Pop Art

Während die Eames die medialen Strategien für die Visualisierung des Informationszeitalters ausloteten, in dem sich die technologische Logik der Moderne Bahn bricht, zog ein Architekt namens Robert Venturi ganz andere Konsequenzen: Dass ihm der Komplex des Komplexitätsdiskurses nicht zuletzt als Grundlage von Computerwissenschaft und Informationstechnologie bekannt war, daran lässt sich kaum zweifeln. Gleich zu Beginn des «behutsamen Manifests», das sein 1966 erstmals publiziertes[7], streitbares und streitlustiges Plädoyer für «Komplexität und Widerspruch» [Abb. 3] in der Architektur eröffnet, stellte Venturi fest: «Everywhere, except in architecture, complexity and contradiction have been acknowledged from Gödel's proof of ultimate inconsistency in mathematics to T.S. Eliot's analysis of ‹difficult› poetry to Joseph Albers' definition of the paradoxical quality of painting.»[8]

Doch anders als die beiden Eames interessiert sich Venturi nicht für die technologischen Strukturen und Prozesse als Grundlage der Systematisierung und Optimierung der Weltwahrnehmung. Ihn interessieren die Symbole, Bilder und Zeichen der modernen Informationsgesellschaft. Und so nahm er deren

die Fotografien der ausgestellten Architekturbeispiele nicht planparallel zur Wand, sondern in unterschiedlichen Winkeln zu ihr angeordnet. Diese Anordnung experimentierte mit den Ausdehnungen des Gesichtsfeldes. Gleichzeitig wird sie zur Metapher jenes multiperspektivischen Sehens, das als eine Grunderfahrung moderner Wahrnehmung immer wieder thematisiert wird. Siehe hierzu u.a. Wulf Herzogenrath: «Ausstellungsgestaltung», in: Bauhaus Utopien. Arbeiten auf Papier, hrsg. von Wulf Herzogenrath (Mitarbeit Stefan Kraus), [Ausstellungskatalog] Stuttgart 1988, S. 194. Mit einer aus dem Jahr 1938 überlieferten Zeichnung scheint Bayer diese Untersuchungen fortgesetzt zu haben. Für die gleiche Ausstellung konzipierte und gestaltete László Moholy-Nagy einen Raum zum Thema Licht, der die Anregung lieferte für jenen «Raum der Gegenwart», den Alexander Dorner daraufhin bei ihm für das von ihm geleitete Provinzialmuseum in Hannover in Auftrag gab. Mit dem Konzept für diesen nie realisierten «Demonstrationsraum» für die verschiedenen Experimentierfelder der neuen Gestaltung hatte Moholy-Nagy der Vision eines Medienraumes im modernen Sinne eine erste Gestalt gegeben. Vergleiche u.a.: Veit Loers: «Moholy-Nagys ‹Raum der Gegenwart› und die Utopie vom dynamisch-konstruktiven Lichtraum», in: László Moholy-Nagy, [Ausstellungskatalog] Stuttgart 1991, S. 37–51.

7 *Complexity and Contradiction in architecture* entstand aus den Grundlagen, die Venturi bereits 1950 mit seiner Master-Arbeit in Princeton gelegt hatte, aus der wir einen Auszug in diesem Band erstmals auf Deutsch publizieren: siehe S. 13–23.

8 «Überall wurde das Prinzip von Vielfalt und Widerspruch anerkannt, nur nicht in der Architektur: so durch Gödels Beweis letztendlicher Inkonsistenz in der Mathematik, durch T.S. Eliots Analyse ‹schwieriger› Dichtung und durch Joseph Albers' Bestimmung des paradoxen Charakters von Malerei.» Robert Venturi: *Complexity and Contradiction in Architecture,* New York 1966, S. 22. Deutsche Ausgabe: Robert Venturi: *Komplexität und Widerspruch in der Architektur,* hrsg. von Heinrich Klotz, Basel, Boston, Berlin 2000 (1. deutsche Auflage: Braunschweig 1978), S. 23.

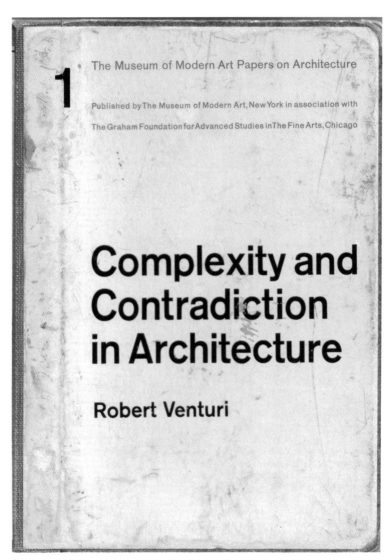

1

The Museum of Modern Art Papers on Architecture

Published by The Museum of Modern Art, New York in association with

The Graham Foundation for Advanced Studies in The Fine Arts, Chicago

Complexity and Contradiction in Architecture

Robert Venturi

Abb. 3: Robert Venturi: *Complexity and Contradiction*, Titelseite der Originalausgabe des Museum of Modern Art, New York 1966.

Kehrseite ebenfalls gleich eingangs ins Visier: «Everything is said in the context of current architecture and consequently certain targets are attacked – in general the limitations of orthodox Modern architecture and city planning, in particular, the platitudinous architects who invoke integrity, technology, or electronic programming as ends in architecture, the popularizers who paint ‹fairy stories over our chaotic reality› and suppress those complexities and contradictions inherent in art and experience.»[9]

Venturi setzte dem Dogma der Abstraktion sein Plädoyer für eine neue Bildhaftigkeit entgegen. Das ist nicht nur eine Provokation gegenüber der Logik der Moderne. Die damit verbundene Vorstellung von Komplexität setzt sich auch deutlich ab gegenüber all jenen Diversifizierungen des Projektes der Moderne, die sich seit Mitte der 1950er Jahre sowohl in Europa als auch in den USA in mehr oder weniger explizit formuliertem Widerspruch zum «Pathos des Funktionalismus»[10] abzeichneten und herausbildeten.

Venturi hat seine Polemik gegen dieses «Pathos» in einem ebenso umfang- wie facettenreichen Panorama architekturgeschichtlicher Referenzen angerichtet: Kenntnisreich, polemisch, respektlos und ironisch zieht er dabei gegen das orthodoxe Erbe jenes *International Style* zu Felde, zu dem Philip Johnson und Henry-Russell Hitchcock das Spektrum der europäischen Moderne in ihrer legendären Ausstellung im Museum of Modern Art 1932 modelliert hatten.[11] An einer Fülle von Architekturbeispielen aus Geschichte und Gegenwart machte Venturi fest, worum es ihm in seinem Plädoyer für eine Wiedergewinnung von Komplexität vor allem ging: sowohl der Kunst als auch dem Alltag zu einem Recht zu verhelfen, das in den Vereinfachungs- und Systematisierungsstrategien, die den eher abstrakten Architekturentwurf der Moderne kennzeichneten, abhanden gekommen war.

9   «[...] im Besonderen gegen jene schwachköpfigen Architekten, die [...] Technologie bzw. elektronische Programmierung zu letzten Zwecken in der Architektur erheben, gegen gewissenlose Meinungsmacher, die ‹bezaubernde Märchen über unsere chaotische Wirklichkeit› zusammenschmieren und die alle unübersehbare Vielfalt, alle Widersprüchlichkeiten, wie sie zum Wesen der Kunst und der realen Erfahrung gehören, unterschlagen». Mit den «popularizers who paint ‹fairy stories over our chaotic reality» spielt Venturi offenbar auf Kenzo Tange und damit wohl auf die japanischen Metabolisten insgesamt an. Venturi: Complexity, 1966, wie Anm. 8, S. 21. Deutsche Ausgabe: Komplexität, 1978, wie Anm. 8, S. 18.
10 Heinrich Klotz: *Das Pathos des Funktionalismus. Berliner Architektur 1920–1930,* Berlin 1974. Eine Veranstaltung des Internationalen Design Zentrum Berlin. Beitrag zu den Berliner Festwochen 1974.
11 Henry-Russell Hitchcock und Philip Johnson: *The International Style. Architecture since 1922,* New York 1932. Deutsche Ausgabe: Braunschweig, Wiesbaden 1985. Es ist wohl kein Zufall, dass es jenes

Venturis Konzept (ent-)stand im Spannungsfeld eines architektur- und kunstgeschichtlich geschulten Selbstverständnisses, das nicht nur ganz generell für die «Menschenrechte des Auges»[12] plädiert und sich auf eine «Schule der Wahrnehmung» stützt, in der den ikonografischen Lesarten von Architektur eine Bedeutung beigemessen wird. Sondern es verbindet auch das Bewusstsein für den kulturellen Tiefenraum, in dem Architektur und Stadt (ent-)stehen, mit einer programmatischen Hinwendung zu einer Wahrnehmung des Alltäglichen und Gewöhnlichen, wie sie zeitgleich die Pop Art zu thematisieren beginnt. Das Projekt der Moderne basierte auf der Absicht, die Kunst in das Leben zu überführen. Mit der Pop Art sollte demgegenüber ein Leben in die Kunst geholt werden, das nicht nur nicht vor seinen Banalitäten und Alltäglichkeiten zurückschreckt, sondern diese auch mit Witz und Ironie zu überformen und zu verfremden weiß.

Das Besondere an Venturis Plädoyer für Komplexität und Widerspruch in der Architektur ist dabei nicht nur das zwischen architekturgeschichtlicher Spurensicherung[13] und alltagskultureller Anamnese angesiedelte Postulat für eine narrative Architektur der Anschaulichkeit und Zeichenhaftigkeit. Bemerkenswert ist auch, dass mit dem Begriff der Komplexität eine Kategorie in den Architekturdiskurs (zurück-)geholt wird, die zu diesem Zeitpunkt vor allem von der sich vor natur- und computerwissenschaftlichem Hintergrund formierenden Komplexitätswissenschaft beansprucht wird.

Museum ist, dem wir die Publikation von Venturis Streitschrift verdanken, weil sie besonders geeignet erschien, eine damals neu initiierte Reihe zum architektonischen Gegenwartsdiskurs zu eröffnen. Während Arthur Drexler diesen Umstand in einem Geleitwort mit keinem Wort erwähnt, stellt Vincent Scully schon in seinem Vorwort zu dieser ersten Ausgabe Venturis Text in eine Reihe mit Le Corbusiers furiosem Pamphlet *Vers une architecture* von 1923. Anders als Hanno Walter Kruft, der mit diesem Vergleich den «Wert und das theoretische Niveau des Buches erheblich überschätzt» sah, kann man aus heutiger Sicht mit Heinrich Klotz einmal mehr bekräftigen, dass Scully damit im Grunde Recht hatte, auch wenn die Kritik an einer in Teilen sehr rasch zu vordergründig theatralischen Posen verkommenen Postmoderne auf der einen Seite und gewissen Diskrepanzen zwischen dieser theoretischen Positionsbestimmung Venturis und einer kritischen Sicht auf die realen Architekturen von Venturi, Scott Brown and Associates (VSBA) auf der anderen Seite den Blick auf die Bedeutung von Venturis Argumentationen verstellt hat.

12 Werner Hofmann, Georg Syamken, Martin Warnke: *Die Menschenrechte des Auges. Über Aby Warburg,* Frankfurt am Main 1980. Hier sei nur in Kürze auf die Rolle hingewiesen, die die von Aby Warburg und dem Warburg Institute in London geprägte Kunstgeschichte mit Vertretern wie vor allem Rudolf Wittkower, aber auch Richard Krautheimer spielte. Krautheimer lernte Venturi während dessen Aufenthalten am American Institute in Rom in den 1950er und 1960er Jahren kennen und schätzen, vgl. Richard Krautheimer: *Ausgewählte Aufsätze zur europäischen Kunstgeschichte,* Köln 2003, S. 45.

Denn so selbstverständlich es sein mag, Komplexität als Grundvoraussetzung des Lebens im Allgemeinen und der Architektur und der Stadt im Besonderen zu reklamieren, so unangefochten lag die Definitionshoheit des Komplexitätsbegriffs zu diesem Zeitpunkt im Gravitationsfeld von Kybernetik, Computerwissenschaften und Informationstechnologie.[14]

Damit setzt Venturi sich nicht nur in «Widerspruch» zu den auf Vereinfachung abzielenden Postulaten der Moderne. Er bezieht auch Stellung gegenüber all jenen Transformationen ihres universellen Geltungsanspruches, in denen sich seit etwa Mitte der 1950er Jahre in einem vielfältigen Spektrum technologischer, soziologischer, phänomenologischer, formalgeometrischer und anderer Interpretationen eine Revision abzeichnete.

Anschaulichkeit versus Abstraktion

Die an wissenschaftlichen Vorbildern orientierten Systematisierungsstrategien der Moderne hatten zu jenen zweckrationalen Versachlichungen der Entwurfs- und Planungsaufgaben geführt, in denen die Reduktion der Komplexität des Lebens auf existenzielle Funktionen und überschaubare Regeln zum obersten Postulat erhoben worden war. In der Sprache der Architektur hieß das: Standard, Typ und Norm. Die Forderung nach dem Bauen und Wohnen für das Existenz-

---

13 Der amerikanische Architekturkritiker und -theoretiker Alan Colquhoun hat darauf hingewiesen, dass Venturi offenlässt, auf welche Komplexität er sich im Einzelnen bezieht: die gewachsene Vielfalt einer historisch bedingten Komplexität oder die inhärente Komplexität eines Entwurfskonzeptes, das sich programmatisch in einem vielfältigen Bezugssystem positioniert: «Venturi ignores that between complexities which are intentional and those which are results of accretion over time. The focus of the text oscillates between the effect of a building on the perceptions of the observer and the effect intended by the designer, as if these were historically the same thing. The book is thus a plea for complexity in general without suggesting how different kinds of complexity are related to particular historical circumstances, and therefore how the examples might apply to particular circumstances of our own time.» Alan Colquhoun: «Sign and Substance. Reflections on Complexity, Las Vegas and Oberlin» (1973), in: *Oppositions,* 14, 1978, S. 26–37. Wiederabgedruckt in: Ders.: *Essays in Architectural Criticism. Modern Architecture and Historical Change* (mit einem Vorwort von Kenneth Frampton), London 1981, S. 139–151, hier: S. 140. Colquhoun zieht daraus den berechtigten Schluss, dass dieses Vorgehen es Venturi auf der einen Seite ermöglicht, aktuelle mit historischen Architekturprodukten zu vergleichen, dies auf der anderen Seite aber bedeutet, dass nicht die moderne Architektur an sich für mangelnde Komplexität verantwortlich ist, sondern am Ende auch nur das jeweilige Entwurfskonzept, die Umstände, die Fähigkeiten des Architekten etc.

14 Vgl. Klaus Mainzer: «Komplexität. Strategien ihrer Gestaltung in Natur, Gesellschaft und Architektur», in diesem Band, S. 85–94.

minimum, die der klassischen Moderne einen Teil ihrer sozialen und gesellschaftlichen Legitimation verschafft hatte, war ebenso zur Grundlage von architektonischen und städtebaulichen Vereinheitlichungsstrategien geworden, wie das Postulat des Internationalen Stils eine ortsunabhängige und entkontextualisierte Abstraktion der architektonischen Form bewirkt hatte. Die legendäre Parole «less is more», mit der Mies van der Rohe den programmatischen Ornamentverzicht in die geometrische Abstraktion der Primärformen transzendiert hatte, war zu einer Art Gesetz geworden – zumindest die griffige und populäre Rezeptur.

Doch je mehr die Komplexität der Lebens- und Funktionszusammenhänge zum Gegenstand der Vereinfachungsstrategien technokratischer Planungsprozesse auf der einen und der Vereinheitlichung durch industrielle Fertigungsprozesse auf der anderen Seite geworden war, desto sichtbarer wurden ihre Defizite. Vor allem der Verlust an Identität wird dabei zum Anknüpfungspunkt sich verändernder Architekturkonzeptionen, welche beginnen, das Projekt der Moderne auf durchaus unterschiedliche Weise einer Revision zu unterziehen. Einen ersten programmatischen Ausdruck hatte dieser Revisionsanspruch mit dem 1955 in La Sarraz gegründeten Team X als erklärtem Kritiker der «CIAM»-Doktrinen gefunden.[15] Trotz der beträchtlichen Heterogenität der im Team X versammelten architektonischen Positionen verband seine Mitglieder die nachdrückliche Forderung nach einer Kontextualisierung der Entwurfsaufgabe, die in dieser Form neu war.

Die im Team X versammelten Initiativen waren in mancherlei Hinsicht von Ideen des Strukturalismus beeinflusst. Mit der Suche nach allgemeingültigen, elementaren, nach «archetypischen» Formen und Figurationen verband sich die erklärte Absicht, wieder «Bedeutung» herzustellen und ein Gegengewicht zu schaffen zu einer einseitig auf industrielle Standardisierung abzielenden techno-

---

15 Das war der gleiche Ort, an dem 1928 *CIAM,* die *Congrès Internationaux d'Architecture Moderne,* von Le Corbusier, Sigfried Giedion und Hélène de Mandrot ins Leben gerufen waren. Jetzt formierte sich hier anlässlich der Vorbereitungen des 10. CIAM-Kongresses 1956 eine engagierte Gruppe von jungen Architekten, die den Aufstand gegen seine Dominanz und seine rigiden Planungsdoktrinen zu proben begann. Zu den Gründungsmitgliedern gehörten Peter und Alison Smithson, Aldo van Eyck, Georges Candilis, Shadrach Woods, Stefan Wewerka, Jaap Bakema und Giancarlo de Carlo. Die Bedeutung des Team X für den kritischen Prozess der darauf folgenden Jahrzehnte ist kaum zu überschätzen, wenn auch seine Mitglieder vor neuen Irrtümern nicht gefeit waren. Die im Team X zusammengeschlossenen Architekten verkörperten zwar durchaus unterschiedliche Ansätze des Bauens, einig jedoch waren sie sich in der Ablehnung der Apodiktik der Corbusier'schen Planungsdoktrin.

kratischen Reduktionsästhetik. Doch auch die soziologischen, topologischen oder typologischen Referenzsysteme, in denen sich die strukturalistisch geprägten architektonischen Ansätze bewegten, blieben eher abstrakt. Sowohl die Aufforderung, sich der Qualitäten der *Anonymen Architektur* zu vergewissern,[16] die 1964 von dem österreichischen Architekten Bernhard Rudofsky formuliert worden war, als auch das Projekt einer «Phänomenologie des Ortes», das der norwegische Architekturhistoriker Christian Norberg-Schulz seinen architekturgeschichtlichen und -theoretischen Überlegungen zugrunde legte, besannen sich zwar auf eine narrative Dimension von Architektur, in der es wieder um die wahrnehmungspsychologischen Qualitäten und den «kulturellen Tiefenraum» als Grundlage der Wiederherstellung von Komplexität gehen sollte. Doch in seiner existenziellen Ernsthaftigkeit lag vor allem dem gewichtigen Plädoyer für den «Genius loci», das Norberg-Schulz zusammenfassend mit seinem gleichnamigen, 1979 erstmals auf Italienisch erschienenen Buch formulierte[17], eine derart auf anschauliche Bild- und plakative Zeichenhaftigkeit drängende Programmatik fern, wie sie Robert Venturi, bald auch gemeinsam mit Denise Scott Brown wagte.

Die Suche nach den der Architektur zugrunde liegenden Typologien und Mustern entwickelte sich dabei sowohl in diesem von der Idee des «einprägsamen Ortes» (Charles Moore) geprägten phänomenologischen Sinne, sie lieferte jedoch gleichzeitig auch erneut einen Anlass, aus ihrer systematisierenden Beschreibung erste Grundlagen für eine informationstechnologische Verarbeitung zu gewinnen. Die *pattern language* etwa, die der von der Mathematik zur Architektur konvertierte Christopher Alexander Anfang der 1970er Jahre propagierte[18], ist dafür das wohl bekannteste Beispiel. Die Faszination an einer abstrakt geometrischen Systematisierung der Sprache über Architektur ist dabei so alt wie sie selbst. Nun kondensierte die Komplexität des Lebens zu Diagrammen. Weniger im Hinblick auf eine informationstechnologische Verarbeitung als im Sinne einer architekturtheoretischen Analogiebildung zu naturwissenschaftlichen Modellen favorisierte denn auch ein Architekt wie Peter Eisenman das Diagramm als Konzentration des architektonischen Gedankens und als Meta-

---

16 Bernard Rudofsky: *Architecture without Architects. A Short Introduction to Non-Pedigreed Architecture,* London 1964.

17 Christian Norberg-Schulz: *Genius loci. Paesaggio, ambiente, architettura,* Mailand 1979; deutsche Ausgabe: *Genius loci. Landschaft – Lebensraum – Baukunst,* Stuttgart 1982.

18 Christopher Alexander, Sara Ishikawa, Murray Silverstein, mit Max Jacobson et al.: *A Pattern Language. Towns, Buildings, Construction,* New York 1977, Center for Environmental Structure series, Bd. 2.

Abb. 4: Moshe Safdie: *Wohnanlage Habitat*, Weltausstellung Montreal 1967.

pher oder Ausdruck der biologischen Qualität der Komplexität des Lebens schlechthin.[19]

Doch der technologischen Bewältigung der Komplexität des Bauens kommt nach wie vor mindestens eine ebenso große Bedeutung zu. Im Lichte der informationstechnologischen Möglichkeiten, die heute zur Verfügung stehen, ist der Blick erneut auf jene Projekte und Konzepte gerichtet, die seit Ende der 1950er Jahre die damals unbeschränkt erscheinenden Möglichkeiten technologischer Entwicklungen in ihren architektonischen und städtebaulichen Visionen feierten. Dabei schien sich in der Euphorie einer technologischen Bewältigung der Komplexität, wie sie sich zu jenem Zeitpunkt unter anderem in der wachsenden Begeisterung für Megastrukturen offenbarte, der Geist der Moderne in besonders rigider Weise zu vollstrecken.

Doch das Vakuum, das die Logik der neuen Technologien hinterließ, wurde schon damals nicht nur mit mehr oder weniger spektakulären Gestaltungsabsichten kompensiert. Es wurde auch – vor allem in Europa – im Klima des sich anbahnenden gesellschaftspolitischen Protests der späten 1950er und frühen 1960er Jahre zur Projektionsfläche gesellschaftlicher und sozialer Visionen, in deren Verräumlichung einmal mehr die Überwindung Stein gewordener Konventionen und Hierarchien stattfinden sollte. Dass man ungeachtet des Revivals[20], das sie zur Zeit erleben, Megastrukturen nach wie vor als eine «Perversion des normalen Prozesses der Stadtentwicklung»[21] ansehen kann, sollte allerdings nicht darüber hinwegsehen lassen, dass sich auch ihre Konzeptionen voneinander unterschieden.

19 Vergleiche hierzu: Sean Keller: «*Systems Aesthetics, or how Cambridge Solved Architecture*», in: *Architecture and Authorship,* hrsg. von Tim Anstey, Katja Grillner, Rolf Hughes, London 2007, S. 165–163. Sowie: Georg Vrachliotis: «Der Sprung vom linearen ins kalkulatorische Bewusstsein. Architektur und evolutionäre Denkmodelle», in: *Precisions. Architektur zwischen Kunst und Wissenschaft,* hrsg. von Ákos Moravánszky, Ole W. Fischer, Berlin 2008, S. 232–261.

20 Siehe u.a. die Website *http://www.megastructure-reloaded.org/de/313/,* auf die alle wichtigen Protagonisten der damaligen Zeit versammelt sind, oder auch ihre Diskussion im Kontext einer Neubestimmung von Eigenbau und Partizipation, wie in: *Hier entsteht. Strategien partizipativer Architektur und räumlicher Aneignung,* hrsg. von Jesko Fezer, Michael Heyden, Berlin 2004.

21 «But for our time the megastructure is a distortion of normal city building process for the sake *inter alia* of image.» Robert Venturi, Denise Scott Brown und Steven Izenour: *Learning from Las Vegas. The Forgotten Symbolism of Architectural Form,* New York 1972, S. 119. Deutsche Ausgabe: Robert Venturi, Denise Scott Brown und Steven Izenour: *Lernen von Las Vegas. Zur Ikonographie und Architektursymbolik der Geschäftsstadt,* Basel, Boston, Berlin 2000, S. 141 (1. deutsche Auflage: Braunschweig 1979). Die dazugehörige Illustration Nr. 114, S. 149, zeigt Moshe Safdies *Habitat!*

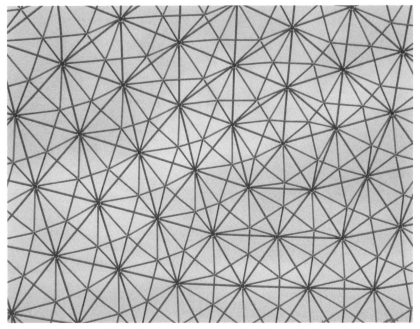

Abb. 5: Richard Buckminster Fuller: *The Bioshpère*, Amerikanischer Pavillon, Weltausstellung Montreal 1967, heute: *Environment Canada's Biosphère Museum* (eröffnet 1995), Detail der Kuppelkonstruktion.

Zu einer paradigmatischen Versuchsanordnung, in der das technologisch-konstruktive Denken dieser Jahre im Wortsinn Gestalt annahm, kam es anlässlich der Weltausstellung 1967 in Montreal. Nur wenige Kilometer entfernt entstehen die geodätische Kuppelkonstruktion von Buckminster Fuller und die Wohnanlage *Habitat* von Moshe Safdie [Abb. 4].

Während Fullers Kuppel die Reduktion konstruktiver Komplexität auf den Knoten im filigranen Maßwerk einer zu einem gigantischen technoiden Ornament geronnenen Tensegrity-Struktur zelebriert [Abb. 5], demonstriert Safdies geometrisch zerklüftetes Wohngebirge eine neue kristalline Unübersichtlichkeit: Aus der Kombination der insgesamt 345 selbsttragenden «Schachteln» ergibt sich eine überbordende Vielfalt der räumlichen und volumetrischen Beziehungen, die die tatsächliche Anzahl von sechzehn standardisierten Typen um einiges übertrifft.[22] Dieser Demonstration von Komplexität im Sinne eines modularisierten und skulptural komponierten Baukastensystems korrespondieren die urbanistischen Superplastiken, die zeitgleich in der naturanalogen Wachstumslogik der Konzepte jener japanischen Metabolisten entstanden, die, wie wir schon gehört haben, Venturi gegeißelt hatte als «gewissenlose Meinungsmacher, die ‹bezaubernde Märchen über unsere chaotische Wirklichkeit› zusammenschmieren und die alle unübersehbare Vielfalt, alle Widersprüchlichkeiten, wie sie zum Wesen der Kunst und der realen Erfahrung gehören, unterschlagen».[23]

Demgegenüber verbanden sich mit dem Konzept der Megastruktur, wie es damals den urbanistischen Visionen eines Yona Friedman [Abb. 6], eines Constant [Abb. 7] oder auch der beiden österreichischen Architekten Günter Domenig und Eilfried Huth zugrunde lag, durchaus auch Überlegungen, die einen gesellschaftlichen Entwurf von Komplexität im Sinn hatten.[24] Das «kybernetische» Moment einer mobilen, flexiblen und ansatzweise partizipatorischen

---

22 Die 345 Raumzellen waren allerdings anders als in anderen zeitgenössischen Beispielen nicht transportabel. Sie wurden auf der Baustelle in bzw. zu 158 Wohnungen montiert, die um drei Erschließungskerne zu zwölfgeschossigen Strukturen aufgetürmt waren. Zu Safdie s. u.a. Adolf Max Vogt, mit Ulrike Jehle-Schulte Strathaus und Bruno Reichlin: *Architektur 1940–1980,* Berlin 1980, S. 202. Blake Gopnick und Michael Sorkin: *Moshe Safdie: Habitat'67 Montreal,* Turin 1998.

23 In *Learning from Las Vegas* kommentiert er darüber hinaus auch die Expo'67 mit der Feststellung: «Auf der Expo'67 erschienen uns diejenigen Pavillons als die langweiligsten, die als weiterentwickelte Analogie der progressiven Konstruktionen der Weltausstellung des 19. Jahrhunderts, die Sigfried Giedion einst gefeiert hatte, verstanden werden konnten.» Deutsche Ausgabe, wie Anm. 21, S. 178.

24 Siehe hierzu u.a. Yona Friedman: *L'architecture mobile,* Paris 1963; ders.: *Utopies réalisables,* Paris 1976; Mark Wigley: *Constant's New Babylon. The Hyper-Architecture of Desire,* Rotterdam 1998.

Abb. 6: Yona Friedman: *Ville Spatiale,* 1958ff., Vision der *Raumstadt* über Paris, Fotomontage.

Konzeption des Raumes, wie es im Projekt einer *Ville Spatiale*[25] zum Thema wird, die Yona Friedman in einer Fülle von Fotomontagen visualisierte, verlagerte den Aspekt eines (künstlerischen) Gestaltungsanspruches auf die Dynamik der sozialen Figurationen. Die demiurgische Geste des Architekten relativierte sich: Die Erfindung der Megastrukturen im Sinne erd-enthobener Verräumlichungen des technologischen Denkens in seiner letzten Konsequenz verband sich mit der Idee eines neu gewonnenen Raumes unbegrenzter Möglichkeiten[26], in dem sich die Komplexität des Lebens, uneingeschränkt von den baulichen Strukturen der Vergangenheit, ihren Repräsentationssystemen und funktionalen Zwängen, als soziale und gesellschaftliche Interaktion entfalten können sollte [Abb. 8].

Und vielleicht ist das der Grund, warum heute, ein halbes Jahrhundert später, gerade diese Konzepte und Visionen wieder so viel Interesse wecken. Ein Interesse, das sich nicht so sehr an jener radikalen Geste der Megastruktur orientiert, die die Stadt aus dem Geist der Retorte neu erfinden wollte und den radikalen Bruch mit ihren tradierten Strukturen propagierte. Zum Anknüpfungspunkt wird vielmehr eine Idee von Selbstorganisation und sozialer Modellbildung, die sich mit diesen aus der technologisch begründeten Optimierung gewonnenen Spielräumen als gesellschaftspolitische und am Ende auch als gestalterische Vision verbunden hatte.

Das schwierige Ganze

Die klassische Moderne hatte versucht, wider die Fragmentierung der Lebenswirklichkeiten, das große Ganze in ihrem umfassenden Gestaltungsanspruch neu zu bestimmen und mit einem vereinheitlichenden Entwurfsdenken zu durchdringen. Diese «edle Barbarei» des Einfachen, wie sie die Heroen der Moderne propagiert hatten, provozierte vor allem in der zweiten Hälfte des 20. Jahrhunderts vielfältigen Widerspruch und ein neues Bewusstsein für Komplexität. Dieses Bewusstsein hatte sich seine Referenzen in den unterschiedlichsten Bezugssystemen gesucht. Es waren technisch-wissenschaftliche

25 Siehe hierzu: *Vision der Moderne. Das Prinzip Konstruktion,* hrsg. von Heinrich Klotz unter Mitarbeit von Volker Fischer, Andrea Gleiniger und Hans-Peter Schwarz, [Ausstellungskatalog] München 1986, S. 130–137.

26 Andrea Gleiniger: «Technologische Phantasien und urbanistische Utopien», in: *Vision der Moderne,* 1986, S. 56–65. Wiederabdruck in: *Die Utopie des Design,* hrsg. von Helmut Draxler und Holger Weh, [Ausstellungskatalog München] München 1994. o.S.

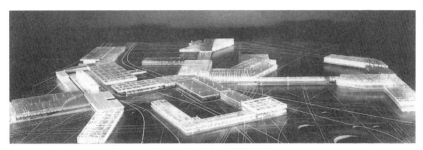

Abb. 7: Constant: *New Babylon* (nach einem Stand aus dem Jahre 1959), Modell.

Ordnungssysteme, die in weiten Teilen von jenen Disziplinen bestimmt waren, die der Logik der Moderne entstammen: der Soziologie, den Naturwissenschaften und der Informations- und Medientechnologie. Sie stellten das kulturelle Paradigma bereit, das zur Ablösung der Industriegesellschaft durch die Informationsgesellschaft führte.

Den der Moderne angekreideten Verlust der Narration in der Architektur konnten dabei auch jene «bezaubernden Märchen» nicht aufhalten, die vor allem aus den Analogiebildungen zu Vorstellungen von Wirklichkeit entstanden, die den Erkenntnishorizonten der mathematisch-naturwissenschaftlichen Disziplinen entstammten. Gegen deren Mangel an Anschaulichkeit waren Architekten wie Robert Venturi, Denise Scott Brown und manch andere angetreten. Vor allem für die Architekten von VSBA wurde dic Ikonografie einer medialisierten Welt[27], die mehr und mehr zur Realität des ausgehenden 20. Jahrhunderts werden sollte, zur logischen Fortsetzung der Erfahrungen mit den narrativen Qualitäten von historischer Architektur und ihrer adäquaten Vergegenwärtigung. Komplexität wurde von ihnen nicht zuletzt im Hinblick auf die wahrnehmungspsychologische Erfahrung dieser sichtbaren und vorgefundenen Welt gedacht. Daraus resultierte eine Forderung nach Kontextualisierung[28], die auf eine aus der Erfahrung der realen Architektur abgeleitete Anschaulichkeit setzte, wenn auch gelegentlich um den Preis der neuerlichcn Vereinfachung in einer zugespitzten Zeichen- und Bildhaftigkeit. Das Dilemma des Komplexitätsdiskurses ist offensichtlich: Es entsteht dort, wo aus den verschiedenen Lesarten von Komplexität am Ende immer wieder neue Vereinfachungsstrategien gewonnen werden, die vor allem wirksam werden, wo das Nachdenken über Qualitäten von Architektur, Stadt und Raum in dem reinen Glauben an das Berechenbare verbleibt.

Die Digitalisierung der Entwurfsgrundlagen hat dieses Problem keineswegs gelöst, nur verlagert: Auf der einen Seite stehen vor dem Hintergrund der disparaten Szenarien einer digitalisierten Entwurfsrhetorik Konzepte, die heute dieses schwierige Ganze der Architektur und ihrer Kontexte vor allem in der Perfektion der spektakulären und der «komplizierten»[29] Form inszenieren.

---

27 Robert Venturi: *Iconography and Electronics upon a Generic Architecture. A View from the Drafting Room,* Cambridge/Mass. 1996.
28 Vergleiche Denise Scott Brown: «Kontext und Komplexität», in diesem Band, S. 25–35.
29 Vergleiche Clemens Bellut: «‹Ach, Luise, laß ... das ist ein *zu* weites Feld› oder der gordische Knoten der Komplexität», in diesem Band, S. 109–115.

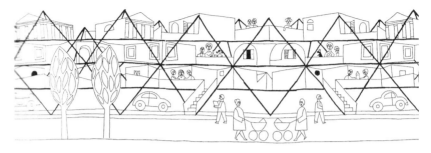

Abb. 8: Yona Friedman: *Ville Spatiale*, 1958ff., Ansicht aus der Raumstadt, Skizze.

Auf der anderen Seite verbindet sich mit den Potenzialen des Software-Agenten, der als generisches Element der Informationstechnologie an die Stelle des universalen Konstruktionsknotens der Moderne getreten zu sein scheint[30], die Option auf ein neues Möglichkeitsdenken. Das dies nicht dazu führt, einmal mehr jene Allmachtsfantasien zu befördern, wie sie das Primat der Technologie in der Architektur immer wieder hervorgebracht hat, sondern vielmehr bewirkt, über den Komplexitätsmodus der technologischen Modellbildung hinaus eine lebendige Beziehung zur realen Welt zu unterhalten, ist am Ende die ureigenste Sache der Architektur.

Vor diesem Hintergrund mag es eine Perspektive sein, aus dem Bewusstsein für das «schwierige Ganze» ein Bewusstsein für das «unfertige Ganze» zu gewinnen, und damit über die ständig wachsenden Möglichkeiten der Berechenbarkeit hinaus Möglichkeitsräume für das buchstäblich Un-berechenbare zu schaffen. Und das gelang und gelingt Architektur immer dort, wo sie ihr Wissen über die (Um-)Welt in eine eigensinnige Form überführt hat.

---

30 Vergleiche Georg Vrachliotis: «Flussers Sprung. Simulation und technisches Denken in der Architektur», in: *Simulation. Präsentationstechnik und Erkenntnisinstrument.* Reihe *Kontext Architektur. Grundbegriffe zwischen Kunst, Technologie und Wissenschaft,* hrsg. von Andrea Gleiniger und Georg Vrachliotis, Basel, Boston, Berlin 2008, S. 63–81.

Georg Vrachliotis

POPPERS MÜCKENSCHWARM. ARCHITEKTUR, KYBERNETIK UND DIE
OPERATIONALISIERUNG VON KOMPLEXITÄT

«With clouds replacing clocks», mutmaßte der amerikanische Architekt und Architekturtheoretiker Charles Jencks in *Architecture of the Jumping Universe,* «a revolution in thinking was under way, that can best be understood by opposing it into the dominant world view, by contrasting the Post-Modern sciences of complexity with the Modern sciences of simplicity.[1] [...] In the new sciences and architectures the fundamental idea relates to feedback, self-organizing change, which the computer is well-adapted to portray.»[2] Jencks stellt die Komplexitätsforschung als «new science» und «new paradigm» dar.[3] Frank Gehrys Guggenheim Museum in Bilbao, Peter Eisenmans Aronoff Center in Cincinnati und Daniel Libeskinds Jüdisches Museum in Berlin sind für Jencks architektonische Antworten auf die Frage nach den kulturellen Ausprägungen dieser neuen Wissenschaft.

Über ein Jahrzehnt später und angesichts neuer Technologien in der Architektur erscheint es erforderlich, nicht Jencks Antworten, sondern vielmehr seine Fragestellungen unter neuen Gesichtspunkten zu erörtern. Ist es möglich, Komplexität nicht nur als einen künstlerisch-ästhetischen, sondern auch als einen technisch-konstruktiven Grundbegriff in der Produktion von Architektur zu diskutieren? Mit anderen Worten: Lässt sich seit Robert Venturis epochaler Veröffentlichung *Komplexität und Widerspruch*[4] eine Entwicklung des Komplexitätsbegriffs in der Architektur erkennen?

1 Charles Jencks: *Architecture of the Jumping Universe: A Polemic. How Complexity Science is changing Architecture and Culture,* London, New York 1995, S. 31. Deutsche Ausgabe: Charles Jencks: «Die Architektur des springenden Universums. Eine Polemik: Wie die Komplexitätstheorie Architektur und Kultur verändert», in: *Arch+, Zeitschrift für Architektur und Stadtplanung,* Aachen, 1998, S. 39: «Wenn Wolken an die Stelle von Uhren treten, dann ist eine Revolution des Denkens im Gange, die sich am besten begreifen lässt, wenn man sie an der herrschenden Weltsicht misst: indem man die neuen Wissenschaften der Komplexität den herkömmlichen Wissenschaften der Klarheit gegenüberstellt.»

2 Ebenda, S. 13. «In den neuen Wissenschaften und Architekturen bezieht sich die Grundidee auf die Rückkopplung, auf selbstorganisierende Veränderung, die der Computer sehr gut darstellen kann.», in Ebenda, S. 27.

3 Charles Jencks: «Nonlinear Architecture. New Science = New Architecture?», in: *Architectural Design* 129, 1997, S. 7.

4 Robert Venturi: *Komplexität und Widerspruch in der Architektur,* hrsg. von Heinrich Klotz, Basel, Boston, Berlin 2000 (1. deutsche Ausgabe: Braunschweig 1978); englische Originalausgabe: *Complexity and Contradiction in Architecture,* New York 1966.

Abb. 1: *Blur building*, von Diller + Scofidio Architects, Yverdon-les-Bains, realisiert für die Schweizerische Landesausstellung *Expo.02*.

Die mit dem Pavillon für die Schweizer Landesausstellung Expo 02, gestaltet von den amerikanischen Architekten Elisabeth Diller und Ricardo Scofidio, unlängst prominent gewordene Metapher der Wolke ist auch in der Architekturgeschichte ein mehrfach anzutreffendes Bild[5] [Abb. 1]. Doch greift Jencks die Metapher nicht in jenem Sinne auf, wie sie im Kontext der Architektur zu finden ist, als poetischer Gegenbegriff zur Materialität gebauter Architektur oder als Wunschbild eines von seiner physischen Begrenztheit befreiten Raumes. Die Bedeutungsebene, auf welche Jencks Metaphernvergleich verweist, ist vielmehr mit übergeordneten Fragestellungen verknüpft, so beispielsweise nach der Wechselbeziehung von Architektur, Wissenschaft und Metapher oder von Architektur, Wissenschaft und Weltbild. Bringt eine neue Wissenschaft nicht nur neue Metaphern und ein neues Weltbild, sondern auch neue architektonische Entwurfsstrategien hervor? Inwieweit Metaphorik, Philosophie und Wissenschaftsgeschichte etwa in der Frage nach der Verbindung von Epochenumbrüchen und dem Auftauchen technisch-wissenschaftlicher Metaphern zusammenhängen, ist Gegenstand zahlreicher philosophiegeschichtlicher Diskurse.[6] Doch wenn «jedes Zeitalter der Geschichte sein Weltbild [hat] und zwar in der Weise, dass es sich jeweils um sein Weltbild bemüht»[7], welches Weltbild wird, so die einfache Frage, im Unterschied zur Mechanik der Uhr durch die Wolke repräsentiert?

Auf der Suche nach der Quelle von Jencks Metapherngleichnis führt die Spur geradewegs in wissenschaftstheoretische Diskursräume aus der Mitte des 20. Jahrhunderts: «My clouds are intended to represent physical systems which, like gases, are highly irregular, disorderly, and more or less unpredictable.»[8] Dies

---

5   Vgl. Andrea Gleiniger: «Von Spiegeln, Wolken und platonischen Höhlen: medienexperimentelle Raumkonzepte im 20. Jahrhundert», in: *Simulation. Präsentationstechnik und Erkenntnisinstrument.* Reihe *Kontext Architektur. Grundbegriffe zwischen Kunst, Technologie und Wissenschaft,* hrsg. von Andrea Gleiniger und Georg Vrachliotis, Basel, Boston, Berlin 2008, S. 29–49.

6   Vgl. Lily Kay: «Informationsdiskurs, Metaphern und Molekularbiologie», in: Lily Kay: *Das Buch des Lebens. Wer schrieb den genetischen Code?,* München 2001, S. 34–56. Originalausgabe: *Who wrote the Book of Life? A History of the Genetic Code,* Stanford 2000.

7   Martin Heidegger: «Die Zeit des Weltbildes» (1938), in: Martin Heidegger: *Holzwege.* Frankfurt am Main 1977, S. 75–96, insb. S. 88.

8   Karl R. Popper: «On Clouds and Clocks. An Approach to the Problem of Rationality and the Freedom of Man», Washington 1966. Wieder abgedruckt in: Karl R. Popper: *Objective Knowledge. An Evolutionary Approach,* Oxford 1972, S. 207. Deutsche Ausgabe: Karl R. Popper: «Über Wolken und Uhren. Zum Problem der Rationalität und der Freiheit des Menschen», in: Ders.: *Objektive Erkenntnis. Ein evolutionärer Entwurf,* Hamburg 1998, S. 215: «Meine Wolken sollen physikalische Systeme darstellen, die wie Gase in hohem Maße ungleichmäßig und ungeordnet und mehr oder weniger unvorhersagbar sind.»

hatte der Wissenschaftsphilosoph Karl Popper sachlich im April 1965 in der Arthur-Holly-Compton-Gedächtnisvorlesung der Washington University erklärt und führte weiter aus: «[...] There are lots of things, natural processes and natural phenomena, which we may place between these two extremes – the clouds on the left, and the clocks on the right.»[9] Während Popper in seinem Vortrag primär gesellschaftsphilosophische Fragen behandelte, ging es ihm in diesem Zusammenhang allerdings um die vertraute philosophische Frage, inwieweit der physikalische Determinismus oder Nichtdeterminismus eine adäquate Beschreibung der Wirklichkeit liefere. Der Titel seines Vortrages, «Über Uhren und Wolken», lieferte den metaphorischen Dualismus dazu.

Anhand eines einfachen Beispiels aus der Natur führte Popper seine Gedanken zur Wolkenmetapher weiter aus. Dass er mit der Wahl dieses Beispieles etwas vorwegnimmt, das erst zwanzig Jahre später mit Hilfe des Computers technisch modellierbar werden sollte, lässt sich allenfalls auf den zweiten Blick erkennen: «As a typical and interesting example of a cloud I shall make some use here of a cloud or cluster of small flies and gnats. [...] In this case of the gnats, their keeping together can be easily explained if we assume that, although they fly quite irregularly in all directions, those that find that they are getting away from the crowd turn back towards that part which is densest. This assumption explains how the cluster keeps together even though it has no leader, and no structure – only a random statistical distribution resulting from the fact that each gnat does exactly what he likes, in a lawless or random manner, together with the fact that he does not like to stray too far from his comrades [...] Like many physical, biological, and social systems, the cluster of gnats may be described as ‹whole›. Yet the cluster of gnats is an example of a whole that is indeed nothing but the sum of its parts; [...] for not only is it completely described by describing the movements of all individual gnats, but the movement of the whole is, in this case, precisely the (vectorial) sum of the movements of its constituent members, divided by the number of members.»[10]

9   Ebenda, S. 208. «Es gibt viele Dinge, Naturerscheinungen und Naturvorgänge, die man zwischen diesen beiden Extremen anordnen kann – den Wolken auf der linken und den Uhren auf der rechten Seite.» Ebenda, S. 216.

10 *Objective Knowledge*, wie Anm. 8, S. 208–210; *Objektive Erkenntnis*, S. 216–218: «Als typisches und interessantes Beispiel für eine Wolke möchte ich hier [...] einen Schwarm von [...] Mücken anführen. [...] Das Zusammenbleiben der Mücken ist leicht zu erklären, wenn wir annehmen, dass sie zwar ganz unregelmäßig in alle Richtungen fliegen, aber sich wieder in Richtung auf den dichtesten Teil des Schwarmes wenden, wenn sie merken, dass sie von ihm abkommen. Diese Annahme erklärt, wie der Schwarm bei-

Vor dem Hintergrund der nachfolgenden Diskussion um eine Entwicklung des Komplexitätsbegriffs birgt Poppers Darstellung zwei anschauliche Ausgangspunkte: So spricht er nicht nur von einer möglichen Beschreibung des Schwarms als «Ganzem» und darüber, etwas könne mehr sein als die «Summe seiner Teile», sondern er gibt uns durch seinen Erklärungsversuch des geheimnisvollen Zusammenbleibens des Schwarms «ohne Führer» gleichzeitig auch einen strukturellen Hinweis zur technischen Modellierung des dynamischen Systemverhaltens. Bei dem ersten Zugang handelt es sich um eine unmittelbare Übernahme von Ausdrucksweisen aus dem Umfeld der Gestaltpsychologie. Diese ist eine Wahrnehmungslehre, die zu Beginn des letzten Jahrhunderts in Deutschland entstanden ist und deren Untersuchungen aus der prinzipiellen Frage nach der Wahrnehmung von komplexen Szenerien oder Reizen entspringen.[11]

Der zweite Zugang umreißt dagegen etwas, das der amerikanische Computerwissenschaftler Mitchel Resnick vom gegenwärtigen Standpunkt der Technologie aus betrachtet vermutlich als «decentralized systems and self-organized behaviours»[12] charakterisieren würde: ein selbstorganisierendes komplexes System, das aus einer Vielzahl von interagierenden Elementen besteht[13] [Abb. 2].

Poppers Erwähnung wahrnehmungstheoretischer Richtlinien war keine Zufälligkeit, wurde seine bereits 1928 verfasste philosophische Dissertation *Zur Methodenfrage der Denkpsychologie* doch durch Karl Bühler betreut.[14] Der deutsche Denk- und Sprachpsychologe Bühler war ausschlaggebend für viele von

sammenbleibt, obwohl er keinen Führer und keine Struktur hat – nur eine statistische Zufallsverteilung, die sich daraus ergibt, dass jede Mücke genau das tut, was sie will, und zwar nichtgesetzmäßig, das heißt zufällig, in Verbindung mit der Tatsache, dass sie sich nicht zu weit von ihren Kameraden entfernen möchte. [...] Wie viele physikalische, biologische und soziale Systeme lässt sich der Mückenschwarm als ein ‹Ganzes› beschreiben. Doch der Mückenschwarm ist ein Beispiel für ein ‹Ganzes›, das tatsächlich nichts ist als die Summe seiner Teile [...]; er ist nicht nur mit der Beschreibung der Bewegungen der einzelnen Mücken vollständig beschrieben, sondern die Bewegung des ‹Ganzen› ist (in diesem Falle) genau die (vektorielle) Summe der Bewegungen seiner Bestandteile, dividiert durch ihre Anzahl.»

11 Vgl. Christian von Ehrenfels: «Über Gestaltqualitäten», in: *Vierteljahrsschrift für wissenschaftliche Philosophie,* 14, 1890, S. 249–292.

12 Mitchel Resnick: *Turtles, Termites, and Traffic Jams,* Cambridge/Mass. 1994, S. 5.

13 Vgl. Valentin Braitenberg: *Vehicles. Experiments in Synthetic Psychology,* Cambridge/Mass. 1984; Craig W. Reynolds: «Flocks, Herds, and Schools: A Distributed Behavioral Model», in: *Computer Graphics,* 21, 4, SIGGRAPH ‘87 Conference, 1987, S. 25–34; Eric Bonabeau, Marco Dorigo und Guy Theraulaz: *Swarm Intelligence: From Natural to Artificial System,* Santa Fe Institute Studies in the Sciences of Complexity, Oxford 1999.

14 Karl R. Popper: *Zur Methodenfrage der Denkpsychologie* (unveröffentlichte Dissertation), Wien 1928.

Abb. 2: «The simulated flock is an elaboration of a particle system, with the simulated birds being the particles. The aggregate motion of the simulated flock is created by a distributed behavioral model much like that at work in a natural flock; the birds choose their own course. Each simulated bird is implemented as an independent actor that navigates according to its local perception of the dynamic environment, the laws of simulated physics that rule its motion, and a set of behaviors programmed into it by the ‹animator›.» «Boids-»Modell von Craig Reynolds in Zusammenarbeit mit der Symbolics Graphics Division and Whitney/Demos Productions, 1986/87. «Der simulierte Schwarm ist die Umsetzung eines Teilchensystems mit den simulierten Vögeln als Teilchen. Die Bewegung des simulierten Schwarms in seiner Gesamtheit wird durch ein verteiltes Verhaltens-modell *(distributed behavioral model)* erzeugt, dem zu vergleichen, das in einem natürlichen Schwarm wirksam ist; die Vögel steuern ihren Kurs selbst. Jeder simulierte Vogel ist als autonomer Akteur implementiert und navigiert entsprechend seiner lokalen Wahrnehmung der bewegten Umgebung, den Gesetzen simulierter physikalischer Eigenschaften, die seine Bewegung festlegen, sowie einem Ensemble von Verhaltensweisen, die ihm vom ‹Animator› einprogrammiert wurden.»

Poppers gesellschaftsphilosophischen Anschauungen. Poppers Anmerkung, der Schwarm wirke trotz der nichtlinearen Bewegung jeder einzelnen Mücke wie ein kollektives Zusammenspiel, verweist auf die Wechselwirkung von lokaler Handlung und globaler Auswirkung in einem komplexen System: technisch kann das globale Verhalten eines Systems durch eine genügend große Anzahl von interagierenden Elementen mit nur lokalem Wissen modelliert werden. In *Die Logik der Sozialwissenschaft*[15] hatte Popper eine Reihe von Thesen aufgestellt, «die den Gegensatz zwischen unserem Wissen und unserem Nichtwissen aussprechen».[16] Darin stößt man auf den von ihm geprägten Begriff der «Situationslogik», der an das erinnert, was unter dem allgemeinen Ausdruck «situated agent» zum Paradigma der sogenannten Neuen Künstlichen Intelligenz wurde. Beide Konzepte betonen die Kopplung zwischen dem Handelnden und dem Kontext, in dem der Handelnde agiert: ob nun im Rahmen einer Situationsanalyse oder als kognitive Modellierungsregel für die technische Implementierung eines Multi-Agenten-Systems.[17] Der Handelnde ist aus seinem Kontext nicht zu trennen, er ist in diesen situativ eingebettet. Situiertheit ist somit eine der Grundbedingungen dafür, dass globale Komplexität durch ein einfaches lokales Regelwerk modellierbar wird.

Poppers Holly-Compton-Gedächtnisvorlesung wurde 1966 publiziert. Im gleichen Jahr veröffentlichte Venturi auch *Komplexität und Widerspruch*. Venturis Komplexitätsbegriff war für Jahrzehnte Hauptbestandteil der Diskurse um den Gegensatz zwischen erzählerischer Vielfalt und reduzierender Klarheit der modernen und postmodernen Architektur. Verhältnismäßig spät wurden komplexe Systeme mit dem Komplexitätsbegriff der Postmoderne in Zusammenhang gebracht, etwa von Jencks und Wolfgang Welsch.[18] Dies hat den ästhetischen Blick für Prozesse der Nicht-Linearität zwar geschärft. Ein Bewusstsein für die Dynamik komplexer Systeme in der Natur konnte aber ausschließlich durch die technische Anschaulichkeit von Computersimulationen zustande kommen.

---

15 Karl R. Popper: «Die Logik der Sozialwissenschaften», in: Karl R. Popper: *Auf der Suche nach einer besseren Welt. Vorträge und Aufsätze aus dreißig Jahren,* München[12] 2003, S. 79–99 (Erstabdruck in: *Kölner Zeitschrift für Soziologie und Sozial-Psychologie,* 14. Jhrg., 1962).

16 Ebenda, S. 80.

17 Vgl. William J. Clancey: *Situated Cognition. On Human Knowledge and Computer Representations,* Cambridge 1997. Viele dieser Konzepte gehen zurück auf die Wahrnehmungspsychologie des amerikanischen Psychologen James J. Gibson. Vgl. James J. Gibson: *The Ecological Approach to Visual Perception,* Boston 1979. Deutsche Ausgabe: James J. Gibson: *Wahrnehmung und Umwelt,* München 1982.

18 Vgl. beispielsweise Wolfgang Welsch: «Übergänge», in: *Selbstorganisation. Jahrbuch für Komplexität in den Natur-, Sozial- und Geisteswissenschaften,* Band 4, Berlin 1993, S. 11–17.

Dazu beigetragen haben nicht zuletzt Persönlichkeiten wie Claude Shannon, John von Neumann oder Herbert Simon. Ob man dem Aufkommen von Chaos- und Komplexitätstheorien in der Wissenschaftsgeschichte eine qualitative Veränderung des Weltbildes zusprechen möchte, ist gewiss Gegenstand weiterer Diskurse. Auch die Frage, inwieweit man im Gegensatz zu den Wissenschaften in der Moderne der Natur näher gekommen sei, bedarf vermutlich fortwährend wissenschaftsphilosophischer Ausführungen. Verhält es sich möglicherweise so, dass «All that we can infer about the nature of the world from the fact that we have to use mathematical language if we want to describe it, is that this world has a certain degree of complexity or, that there are certain relationships in this world which cannot be described with too primitive means.»[19]

Vor dem Hintergrund einer Erweiterung des Komplexitätsbegriffs hatte die Kybernetik ein strukturwissenschaftliches Fundament heraufbeschworen, dessen technologisches Potenzial und kulturelle Tragweite für die Architekturproduktion erst aus Sicht derzeitiger Informationstechnologien diskutiert werden kann. «The thought of every age is reflected in its technique», hatte der amerikanische Mathematiker Norbert Wiener in *Kybernetik. Oder Kommunikation und Nachrichtenübertragung im Lebewesen und in der Maschine*[20] notiert. Wieners Schrift löste eine Technisierung geistes-, naturwissenschaftlicher und künstlerischer Begriffe und Denkmodelle aus. Für die Architektur blieb das nicht ohne Folgen. Kybernetisch geprägte Begriffe wie «Kommunikation» oder «Rückkopplung» avancierten im Verlauf ihrer Metaphorisierung zu produktiven und effektiven Leitbegriffen in der Architektur der nachfolgenden Jahrzehnte.[21] Unter dem

---

19 Karl R. Popper: «What is dialectic?», in: *Mind,* Band 49, 1940, S. 403–426, S. 421. Deutsche Ausgabe: Karl R. Popper: «Was ist Dialektik?», in: *Logik der Sozialwissenschaften,* Band 5, hrsg. von Ernst Topitsch, Köln, Berlin 1968, S. 262–290, S. 282: «Alles, was wir aus der Tatsache, dass wir zur Beschreibung der Welt eine mathematische Sprache verwenden müssen, über ihr Wesen schließen können, darin [besteht], dass die Welt einen bestimmten Grad von Komplexität hat, so dass in ihr bestimmte Beziehungen bestehen, die mit zu primitiven Mitteln nicht beschrieben werden können.»
20 Norbert Wiener: *Cybernetics. Or Communication and Control in the Animal and the Machine,* 2. Auflage, Cambridge 1965 (1. Auflage: 1948), S. 38. Deutsche Ausgabe: Norbert Wiener: *Kybernetik. Oder Kommunikation und Nachrichtenübertragung im Lebewesen und in der Maschine,* Düsseldorf, Wien² 1963, S. 73: «Das Denken jedes Zeitalters spiegelt sich in seiner Technik wider.»
21 Vgl. Erich Hörl: «Das Ende der archaischen Illusion. Kommunikation, Information, Kybernetik», in: Erich Hörl: *Die heiligen Kanäle. Über die archaische Illusion von Kommunikation,* Zürich, Berlin 2005, S. 231–281.

Vorzeichen einer zukünftigen, die Disziplinen verbindenden Universalwissenschaft standen statt individueller Merkmale abstrakte Regelungsprozesse im Vordergrund. Zweitrangig wurde die Fragestellung, ob es sich um biologische Organismen, technische Automationsabläufe, menschliche Wahrnehmungen, gebäudetechnische Konzepte oder architektonische Planungs- und Entwurfsprozesse handelte. Kurz: Es ging um etwas, das der deutsche Medientheoretiker Claus Pias in seinem Aufsatz zum utopischen Potenzial der Kybernetik als «ontologische Unruhe» charakterisierte.[22] «Diese Unruhe», so Pias, «besteht in der Unschärfe oder Verwechselbarkeit dessen, was vorher noch unter dem Begriff des Menschen von Artefakten geschieden war.[23]»

In der Diskussion um Architektur und Komplexität kommt der kybernetischen Epoche eine wichtige Rolle zu. *Komplexität und Widerspruch* war in einem Zeitraum erschienen, welchen das *Time Magazine* im April 1965 als «Cybernated Generation»[24] bezeichnete. Zeitgleich mit Venturis Manifest wurde ein Komplexitätsbegriff geschaffen, der im Kontext einer «allgemeinen, formalen Wissenschaft von der Struktur, den Relationen und dem Verhalten dynamischer Systeme»[25] diskutiert werden konnte. Komplexität konnte demnach auch unter nachrichtentechnischen und informationstheoretischen Gesichtspunkten verstanden werden.[26]

Nur ein Jahr nach Venturis Veröffentlichung hatte der ungarisch-amerikanische Künstler und Kunsttheoretiker György Kepes das Entstehen einer die Disziplinen verbindenden strukturellen Ordnung in Kunst, Architektur, Wissenschaft und Technologie angekündigt. Nach Kepes vollzog sich ein Übergang von der «klassischen Wissenschaft der Einfachheit» zu einer «modernen Wissenschaft der geordneten Komplexität».[27] Vor diesem Hintergrund stellte er Pier Luigi Nervis Tragwerkkonstruktionen, Buckminster Fullers Raumfachwerken und Max Bills konkreter Malerei technisch-wissenschaftliche Elektronenmikro-

---

22 Claus Pias: «Unruhe und Steuerung. Zum utopischen Potential der Kybernetik», in: *Die Unruhe der Kultur. Potentiale des Utopischen,* hrsg. von Jörn Rüsen und Michael Fehr, Weilerswist 2004, S. 302.

23 Ebenda, S. 302.

24 *Time Magazine* vom 2. April 1965.

25 Hans-Joachim Flechtner: *Grundbegriffe der Kybernetik. Eine Einführung,* Stuttgart ⁴1969, S. 10, Originalausgabe: 1966.

26 Vgl. Claude E. Shannon: «A Mathematical Theory of Communication», in: *Bell System Technical Journal,* Band 27, Juli und Oktober 1948, S. 379–423 und S. 623–656.

27 *Struktur in Kunst und Wissenschaft,* hrsg. von György Kepes, Brüssel 1967, S. xiii.

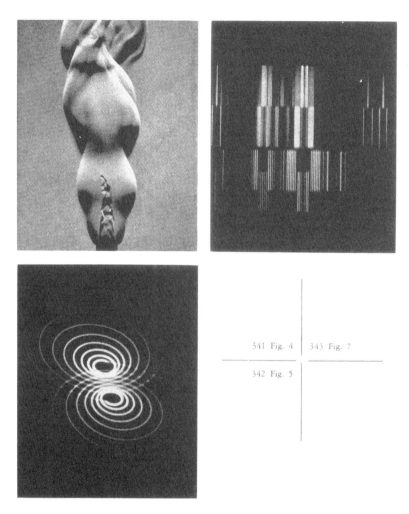

341 Fig. 4 | 343 Fig. 7

342 Fig. 5

Abb. 3: Bildmaterial zu Norbert Wieners Aufsatz «Pure Patterns in a Natural World», aus dem Ausstellungskatalog *The New Landscape in Art and Science*, herausgegeben von György Kepes, Boston 1956.

skopaufnahmen und Röntgenbildern von Kristallen, Zellen und Flüssigkeiten gegenüber. Kepes argumentierte, wie schon in seinem einige Jahre zuvor erschienenen *New Landscape in Art and Science*[28] mit einer Rhetorik visueller Analogien und verkündete in diesem Zusammenhang: «Das phantasievolle Sehen ist struktur-orientiert.»[29] Obgleich solchen Begriffen wie Nicht-Linearität oder Selbstorganisation in Kepes struktureller Ästhetik noch keine explizite Bedeutung zugewiesen wurde, sind sie eine der gestaltpsychologischen Grundbedingungen für seinen Versuch, den wissenschaftlichen mit dem künstlerischen und dem architektonischen Formbegriff auf strukturwissenschaftlicher Ebene zu vereinheitlichen[30] [Abb. 3].

Aus gegenwärtiger Sicht kommt Kepes gewissermaßen eine «Gelenkfunktion» zu: Er markiert den Übergang von einer gestalttheoretischen Auffassung von Komplexität hin zu einer Ästhetik technisch-wissenschaftlicher Strukturprinzipien. Aus Kepes struktureller Auffassung von Komplexität lassen sich mindestens drei Entwicklungsrichtungen ableiten. Einerseits wurden Kepes Ansätze durch Kevin Lynchs empirische Wahrnehmungsexperimente über die visuelle Komplexität städtebaulicher Strukturen zu einer Schnittstelle von Architektur, Stadtplanung und den zu dieser Zeit aufkommenden Kognitionswissenschaften.[31] Andererseits lässt sich die «generative Ästhetik» der frühen experimentellen Computerzeichnung, beispielsweise von Georg Nees und Frieder Nake, als eine grafische Entwicklung deuten[32] [Abb. 4].

Der dritte Aspekt birgt für die derzeitige informationstechnologische Architekturproduktion womöglich die größten Potenziale. Diese lassen sich auf der Ebene der Konstruktion finden. Ausgangspunkt ist das, was Frei Otto mit dem Begriff der «natürlichen Konstruktion»[33] umschrieb. Auf der Grundlage der Erforschung komplexer Systeme wird versucht, die Ökonomie von Formfindungs-

---

28 *New Landscape in Art and Science,* hrsg. von György Kepes, Chicago 1956.

29 *Struktur in Kunst und Wissenschaft,* hrsg. von György Kepes, Brüssel 1967, S. ix.

30 Zur Komplexität vgl. Arnheims Kapitel «Ordnung und Unordnung», in: Rudolf Arnheim: *Die Dynamik der architektonischen Form,* Köln 1980, S. 167–206, hier besonders das Unterkapitel «Ebenen der Komplexität», S. 184–189.

31 Vgl. Kevin Lynch: *The Image of the City,* Cambridge 1960 und Kevin Lynch: *Good City Form,* Cambridge 1981.

32 Vgl. Max Bense: «Projekte generativer Ästhetik» und Georg Nees: «Programme und Stochastische Grafik», in: *edition rot,* hrsg. von Max Bense und Elisabeth Walther, Stuttgart 1965.

33 Vgl. Frei Otto: *Natürliche Konstruktionen. Formen und Konstruktionen in Natur und Technik und Prozesse ihrer Entstehung,* Stuttgart 1982.

Programming stochastic computer graphics

To produce the graphics, I used a drawing-board controlled by a punch tape and a digital computer producing the pilot tape.

Each graphic has random parameters. The programme for each graphic repeats genera- tive fundamental operations so that the mere repetitions, the aesthetic redundancy, pro- duce the random parametric values of the aesthetic improbability of the graphic during each repetition.

The graphics *8-corner* and *23-corner* alter one basic figure each when programmed as follows:

8-corner

Distribute eight dots inside the figure- square and connect them with a closed straight edge line.

23-corner

Beginning anywhere within the figure- square draw a straight edge line with 23 sections inside the square, each section of random length, alternating horizontal and vertical lines. The horizontal lines may go right or left at random, the vertical lines up or down. Connect the starting and end points of the straight edge rectilinearly.

Axis-parallel maze

Beginning at one corner of the rectangular frame, draw a straight edge line within the frame. The line should consist of 4,000 sec- tions of random length, each one under 15 millimetres long, alternating horizontal and vertical lines – the horizontal lines either to left or right at random, the vertical lines up or down. The programme produces a con- tinuous shape or form.

The *Curtains* graphic was discovered through a programming error, thus it posses- ses improbabilities in a twofold sense. The programme may be described roughly as follows: Draw 60 parallel lines along the narrow side of the rectangular frame, so that the lines, together with the random abscissi, accumulate against the narrow side.

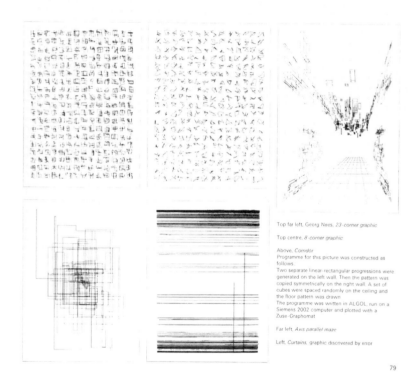

Top far left, Georg Nees, *23-corner graphic*

Top centre, *8-corner graphic*

Above, *Corridor*
Programme for this picture was constructed as follows:
Two separate linear-rectangular progressions were generated on the left wall. Then the pattern was copied symmetrically on the right wall. A set of cubes were spaced randomly on the ceiling and the floor pattern was drawn
The programme was written in ALGOL, run on a Siemens 2002 computer and plotted with a Zuse-Graphomat

Far left, *Axis parallel maze*

Left, *Curtains*, graphic discovered by error

79

Abb. 4: Georg Nees: «Programming stochastic Computer Graphics», Seite aus dem Aus- stellungskatalog *Cybernetic Serendipity. The Computer and the Arts*, London 1968.

prozessen in der Natur konstruktiv für die Architektur umzusetzen. Prozesse der Selbstorganisation werden dabei unter dem Gesichtspunkt ihrer strukturellen Signifikanz für die Konstruktion erforscht.

Der österreichisch-amerikanische Architekturhistoriker Eduard Sekler verweist in diesem Zusammenhang auf eine Unterscheidung von Struktur und Konstruktion: «While we find ourselves inclined to think of ‹construction› as the result of an activity which is ‹to construct›, we don't seem to think as easily of ‹structure› as the result of a conscious activity which is ‹to structure›.»[34] Otto versucht indessen sowohl rhetorisch als auch methodisch, die von Sekler beschriebene vermeintlich intentionale Differenz zwischen Konstruktion und Struktur zu überwinden. Mittels der experimentellen Überführung ökonomischer Kriterien natürlicher Formfindungsprozesse in die Architektur sollten Struktur und Konstruktion gleichermaßen kontrollierbar werden. In Ottos Versuch der Annäherung von Struktur und Konstruktion liegt einer der fruchtbarsten Aspekte für die digitale Architekturproduktion. «Ich betrachte natürliche, technische und künstliche Objekte und besonders jene Prozesse, durch die Dinge ihre typische Form – ihre Gestalt – erhalten»[35], erklärt Otto. Durch die Anwendung komplexer Systeme zur strukturellen Ermittlung dieser «Gestalt» gelingt es Otto, Komplexität nicht nur auf einer ästhetischen, sondern auch auf einer ökonomischen Ebene zu diskutieren. Als Ausgangspunkt dafür gilt: «Wenn man nicht vom Formenkanon ausgeht beim Entwerfen, sondern vom Modellieren von Prozessen, empfiehlt [es sich], [diese] wie die Regeln eines Spiels zu formulieren.»[36]

Der Architekturproduktion eröffnet Otto auf diese Weise eine verfahrenstechnische Auslegung der in der Natur zu findenden Komplexität. Mit Blick auf den Möglichkeitsraum von Architektur und Informationstechnologie wird allerdings eine konzeptionelle Einschränkung in seiner Methodologie deutlich: Sowohl Ottos Konzept der natürlichen Konstruktion als auch der daraus resul-

---

34   Eduard F. Sekler: «Structure, Construction and Tectonics», in: *Structure in Art and in Science,* hrsg. von György Kepes, New York 1965, S. 89. Deutsche Ausgabe: Eduard F. Sekler: «Struktur, Konstruktion und Tektonik», in: *Struktur in Kunst und Wissenschaft,* hrsg. von György Kepes, Brüssel 1967, S. 89: «Konstruktion ist in erster Linie als das Ergebnis einer bewussten Tätigkeit aufzufassen – eben das Konstruieren, Zusammenbauen, während Struktur uns nicht unmittelbar an eine Tätigkeit erinnert.»

35   Frei Otto: *Gestaltwerdung. Zur Formentstehung in Natur, Technik und Baukunst,* Köln 1988, S. 5.

36   Joachim Krause: «Die Selbstorganisation von Formen. Joachim Krause im Gespräch mit Nikolaus Kuhnert, Angelika Schnell und Gunnar Tausch», in: *Arch+ Zeitschrift für Architektur und Städtebau,* 121 (Die Architektur des Komplexen), Stuttgart 1994, S. 25.

tierende Gestaltbegriff ruhen mehrheitlich noch auf Strukturprinzipien nicht biologischer Prozesse. So werden beispielsweise die verwickelten Geometrien eines Vogelnestes, nicht jedoch das Schwarmverhalten der Vögel, erforscht. Es werden die vielschichtigen Strukturen von Ameisenbauten analysiert, hingegen nicht das Verhaltensmuster der Ameisen selbst. Es geht in Ottos natürlichen Konstruktionen gewissermaßen um die gestalterischen «Ergebnisse» und «Erzeugnisse» nicht linearer Formfindungsprozesse.

Doch durch die zunehmende Erforschung von Methoden des sogenannten «Artificial Life»[37] in den ingenieurorientierten Randbereichen der digitalen Architekturproduktion ist es nun möglich, auch mit dem dynamischen Verhalten biologischer Systeme zu operieren. Hinzu kommt eine Entkopplung dessen, was bei Otto noch im Begriff der «Gestalt» vereinigt ist: der strukturelle Prozess und die aus diesem Prozess generierte Form. Mit anderen Worten: die Trennung von Struktur und Form. Damit ist etwas in das technische Denken der Architektur vorgedrungen, das unverkennbar auf der Logik der Informationstechnologie beruht. Die Technologisierung nicht linearer Prozesse dient als Grundlage für eine eigenständige Praktik der Konstruktion.[38] Das Konstruieren mit komplexen Systemen lässt sich somit als eine «weitere Stufe der technischen Welt»[39] in der Architektur deuten.

Zusammenfassend lässt sich sagen, dass es drei Entwicklungslinien des Komplexitätsbegriffs in der Architektur gibt: eine gestaltpsychologische, eine kybernetische und eine biologisch-algorithmische. Zwar schließen sich die einzelnen Linien gegenseitig nicht aus, doch ist eine zunehmende Technologisie-

<hr/>

37 Als Gründer der Artificial-Life-Bewegung gilt der amerikanische Computerwissenschaftler Christopher Langton. An einem der ersten Symposien beschreibt Langton das Forschungsfeld wie folgt: «Artificial Life is the study of man-made systems that exhibit behaviors characteristic of natural living systems. It complements the traditional biological sciences concerned with the analysis of living organisms by attempting to synthesize life-like behaviors within computers and other artificial media. By extending the empirical foundation upon which biology is based beyond the carbon-chain life that has evolved on Earth, Artificial Life can contribute to theoretical biology by locating life-as-we-know-it within the larger picture of life-as-it-could-be.» Christopher Langton: *Artificial Life.* Proceedings of an Interdisciplinary Workshop on the Synthesis and Simulation of Living Systems, September 1987 in Los Alamos, New Mexico, California, Cambridge 1989, S. 1.

38 Vgl. Georg Vrachliotis: «Flussers Sprung. Simulation und technisches Denken in der Architektur», in: *Simulation. Präsentationstechnik und Erkenntnisinstrument.* Reihe *Kontext Architektur. Grundbegriffe zwischen Kunst, Technologie und Wissenschaft,* hrsg. von Andrea Gleiniger und Georg Vrachliotis, Basel, Boston, Berlin 2008.

39 Max Bense: «Vorwort», in Louis Couffignal: *Denkmaschinen,* Stuttgart 1955, S. 8.

rung des Komplexitätsbegriffs nicht zu übersehen. Mit Blick auf die strukturwissenschaftlichen Denkmodelle der Kybernetik und im Zusammenhang mit der zu Beginn gestellten Frage nach einer Erweiterung des Komplexitätsbegriffs könnte man diese Entwicklung deshalb als Annäherung an eine «Operationalisierung des Komplexen» bezeichnen.

Um diese Entwicklung auch aus einer architekturtheoretischen Sichtweise diskutieren zu können, bedarf es gewiss mehr als nur des Akts, einzelne Gebäude zu Wahrzeichen einer ganzen Wissenschaft oder eines Weltbildes zu bestimmen. Auch genügt es kaum, sich auf Kriterien der Ästhetik zu begrenzen, um damit Einflüsse der Komplexitätsforschung auf die Architektur zu erörtern. Zwar lassen sich die von Jencks aufgezählten Gebäude von Eisenman, Gehry und Libeskind als künstlerisch-architektonische Symbole des Komplexen deuten. Doch durch die hier aufgezeigte Entwicklung des Komplexitätsbegriffs ist deutlich geworden, dass die von Jencks verwendeten Metaphern über die Ebene des Bildlichen nicht hinauskommen. Mit anderen Worten: Komplexität bleibt bei Jencks noch immer der architektonischen Form verpflichtet. Diese Auslegung reicht jedoch keineswegs an die Vorstellung dessen heran, was beispielsweise unter dem Begriff der «algorithmischen Komplexität» zu verstehen ist. Informationstechnologien funktionieren unabhängig von der Form, operieren vielmehr auf einer strukturellen Ebene.

Damit ist die Diskussion um Architektur und Komplexität ein Spiel mit dem Undarstellbaren geworden. Gegenwärtige Informationstechnologien konfrontieren die architekturtheoretischen Diskursräume mit Entwicklungen, für die ein erweitertes theoretisches Instrumentarium benötigt wird. Offen ist noch, mit welcher architektonischen Sprache man sich dem informationstechnologischen Komplexitätsbegriff nähert. Es ist wohl diese Frage, welche als ein erster Ansatzpunkt dafür dienen mag, die syntaktischen Denkmodelle der Informationstechnologien aus dem semantischen Bedürfnis der Architektur heraus kritisch diskutieren zu können. Wie lässt sich der informationstechnologische Komplexitätsbegriff in der Architektur begreifbar machen? Wie lässt sich aus einer ohne Semantik operierenden Technologie architektonische Bedeutung nicht nur erzeugen, sondern auch gestalten?

Kostas Terzidis
ALGORITHMISCHE KOMPLEXITÄT: AUS DEM NIRGENDWO

Komplexität ist ein Begriff, der den Umfang der Beschreibung eines Systems oder die Menge an Zeit angibt, die erforderlich ist, um ein System zu erschaffen.[1] Ob Netzwerke, Computer, Maschinen oder Gebäude – es wird viel Mühe auf die Frage verwendet, wie sich Systeme verstehen, erklären, modellieren oder entwerfen lassen, deren Zweck, Größenordnung und Komplexität die Fähigkeit der Designer, sie in vollem Umfang zu begreifen, vielfach auf eine harte Probe stellen. Zwar ist Komplexität auch eine Eigenschaft vieler natürlicher Systeme oder Prozesse, aber auf dem Gebiet des Designs hat Komplexität mit künstlichen, synthetischen und von Menschen hervorgebrachten Systemen zu tun. Solche Systeme bestehen, obwohl sie menschliche Kreationen sind, aus Teilen und Beziehungen, deren Anordnung so kompliziert ist, dass sie die Fähigkeit eines einzelnen Designers, sie wirklich zu begreifen, häufig übersteigt, selbst wenn dieser ihr Urheber ist. So paradox es erscheinen mag: Die Menschen sind heute imstande, ihren eigenen Intellekt zu übertreffen. Mit Hilfe moderner Computersysteme, komplizierter Algorithmen und von *massive computations* können Designer ihre Gedankengänge in eine einst unbekannte und unvorstellbare Welt der Komplexität ausdehnen. Allerdings kann man in diesem Zusammenhang der Meinung sein, dass die Unfähigkeit des menschlichen Geistes, künstliche Komplexität im Alleingang zu begreifen, zu erklären oder vorauszusagen, hauptsächlich durch quantitative Einschränkungen verursacht ist, nämlich durch die *Menge* an Informationen beziehungsweise die *Zeit,* die zur Berechnung dieser Informationen erforderlich ist – dass diese Unfähigkeit also im Grunde nichts mit der intellektuellen Kapazität von Menschen zu tun hat, solche Komplexitäten zu verstehen, zu erschließen oder über sie nachzudenken. Diese Annahme mag zwar zutreffen, aber nur, weil es an einer anderen Erklärung fehlt. Mit anderen Worten: Wenn die Menschen sich der künstlichen Komplexität nicht bewusst sind, wer ist es dann? Schließlich

---

1   Diese Definition, auch als Kolmogorow-Komplexität oder K-Komplexität bezeichnet, lässt eine Unterscheidung zwischen visueller und struktureller Komplexität zu. Unabhängig von der Komplexität, die im Erscheinungsbild eines Musters steckt, beruht Komplexität erklärterweise auf dem reproduzierenden Algorithmus, also einer Serie von Instruktionen, die das visuelle Muster regenerieren können. Siehe Jesus Mosterin: «Kolmogorov Complexity», in: *Complexity and Emergence,* hrsg. von Evandro Agazzi und Luisa Montecucco, New Jersey 2002, S. 45–56.

ist das Künstliche *per definitionem* eine menschliche Dimension, weshalb die aus Künstlichkeit resultierenden Komplexitäten dies ebenfalls sein sollten. Allerdings gibt es eine besondere Kategorie der Komplexität, die, obwohl von Menschen verursacht, für Menschen nicht nur unvorhersagbar, unverständlich oder unbegreiflich ist, sondern auch seltsam, fremd und unvertraut: die Zufälligkeit.

Mit Zufälligkeit bezeichnet man das Fehlen eines benennbaren Musters, Zwecks oder Ziels. Zufälligkeit kann in ihrer formalen Erscheinung auch als Muster ohne Bedeutung definiert werden. Diese Definition kann zwar zur Beschreibung eines Musters verwendet werden, sie wird aber problematisch, wenn sie den Akt des Hervorbringens eines zufälligen Musters benennen soll. Die Aussage als solche birgt ein selbstreferentielles Paradoxon: Wie kann man etwas erschaffen, das ohne Bedeutung ist? Müsste nicht der bloße Akt des Hervorbringens dem Hervorgebrachten automatisch eine Bedeutung zuweisen? Mit anderen Worten: Zufälligkeit ist der Prozess des Erschaffens von Nicht-Bedeutung, was eine widersprüchliche Behauptung ist. Denken wir über den folgenden Satz nach: «Diese Aussage ist ohne Bedeutung.» Wenn sie das ist, dann liegt ihr Sinn darin, dass sie bedeutungslos ist, und wenn sie es nicht ist, dann *hat* sie eine Bedeutung. Dieses logische Paradoxon wird als selbstreferentielles *begging the question,* als Inanspruchnahme des Beweisgrundes oder Zirkelschluss bezeichnet, weil die Prämissen des Arguments den Anspruch mit einschließen, dass der Schluss zutrifft. Mit anderen Worten: Das Erschaffen von Zufälligkeit setzt Absicht voraus, was dem Gedanken der Zufälligkeit widerspricht. Wie seltsam auch immer es klingen mag: Zufälligkeit kann man nicht erzeugen. In dem Augenblick, in dem man eine zufällige Bewegung macht, hört sie auf, zufällig zu sein, weil sie später als Teil einer Folge kausaler Schritte interpretiert werden kann. Nichtsdestoweniger kann man, auch wenn man vielleicht nicht imstande ist, Zufälligkeit eigenwillentlich zu erschaffen, fraglos Zeuge von Zufälligkeit werden, indem man andere beobachtet. Das heißt, wenn eine andere Person eine für mich unvorhersehbare Bewegung macht, dann ist diese Bewegung zufällig, solange ich darin kein Muster, keinen Zweck und kein Ziel erkennen kann.

Komplexität, so wie sie oben definiert ist, hängt in der nachstehend beschriebenen Weise mit Zufälligkeit zusammen: Wenn ein Muster sehr regelmäßig ist, dann ist es leicht zu beschreiben und damit einfach. Wenn es dagegen unregelmäßig ist, dann ist es schwierig zu beschreiben, und folglich wird es komplex. Wenn es so komplex ist, dass die Information, die es enthält, sich in keiner Weise komprimieren lässt, dann sagen wir, dass es zufällig ist. Zufälligkeit ist das

Maximum an Komplexität und das Gegenteil von Regelmäßigkeit und Einfachheit. Sehen wir uns dazu die folgenden binären Sequenzen A und B an:

A: 001001001001001001001001001001001001001001001001001...
B: 101101001101001001001110101010101111100100010000110010101...

Bei der ersten Sequenz handelt es sich offensichtlich um eine Wiederholung von 001. Die zweite scheint keinerlei identifizierbares Muster zu haben, das sich weiter komprimieren ließe, und dürfte daher bis zum Beweis des Gegenteils als zufällig angesehen werden. Sehen wir uns jetzt den folgenden Satz A und eine zufällige Neuanordnung der Worte im Satz B an:

A: Wenn es existiert, kannst du daran denken.
B: Wenn du daran denken kannst, existiert es.

Unter Wahrung der grammatikalischen und syntaktischen Korrektheit produziert eine zufällige Veränderung in der Abfolge der Worte aus Satz A einen Satz B, der sich vom ursprünglichen Satz A sehr unterscheidet. In diesem Fall operiert Zufälligkeit als Transformation von einem Status in einen anderen und generiert dadurch eine neue Form aus einer bestehenden. Dieses strukturelle Verhalten erinnert in vieler Hinsicht an die Dada-Poesie oder an die Markow-Prozesse.[2] Bei diesen Beispielen funktioniert ein Algorithmus als Wortersetzungssystem, das grammatikartige Regeln auf Symbolketten anwendet, um neue Textketten zu generieren. Während die Syntax des so entstehenden Textes sehr wohl mit den grammatikalischen Regeln übereinstimmen kann, hat die semantische Bedeutung dieses neuen Textes nicht unbedingt etwas mit den Intentionen des ursprünglichen Codes zu tun. In solchen Fällen kann die Einführung von Zufälligkeit in das Textarrangement Resultate hervorbringen, die unvorhersagbar, kompliziert, dabei aber zufälligerweise auch bedeutungsvoll sind. Wenn etwas zufällig ist, heißt dies nicht, dass es unvorhersagbar ist. Unvorhersagbarkeit ist *per definitionem* eine Dissoziation von Absicht. Aber anders als das Chaos produziert eine zufällige Neuanordnung von Elementen innerhalb eines auf Regeln beruhenden Systems Wirkungen, die, obwohl unvorhersagbar, intrinsisch durch

---

2   Ein Markow-Prozess ist ein stochastischer Prozess, bei dem die Wahrscheinlichkeitsverteilung eines Zustandes vom Verlauf der vorausgegangenen Zustände unabhängig ist. Das bedeutet, dass der Prozess außer in Bezug auf die zuletzt beachteten Punkte kein Gedächtnis hat.

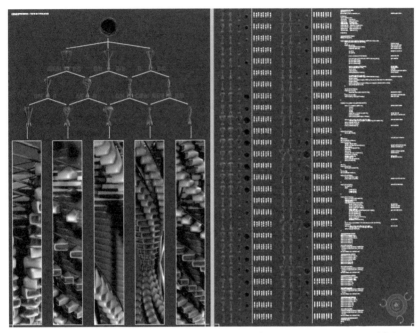

Abb. 1: Hochhaus-Studien auf der Grundlage der kombinatorischen Analyse (Projekt von Joshua Dannenberg und Christ Shusta für den von Kostas Terzidis an der Harvard University gehaltenen Kurs GSD 2311).

die das System beherrschenden Regeln miteinander verbunden sind. In ähnlicher und fast schon amüsanter Weise fungiert die Dadamaschine als Computer-Algorithmus, der auf der Basis eines rekursiven Rearrangements von Elementen innerhalb einer Grammatik einen Zufallstext generiert. Dieser Text, der auf Zufallsprozessen beruht, ist lesbar, gelegentlich sinnvoll und in manchen Fällen erstaunlich intelligent. Während es also in allen diesen Fällen offensichtlich an Gewahrsein, Bewusstheit oder Absicht fehlt, sind die resultierenden Sprachmuster überzeugend genug, um den Rezipienten fälschlicherweise glauben zu machen, sie seien authentisch, sie seien es wert, dass man ihnen vertraut, sich auf sie verlässt oder an sie glaubt, so als wären sie von einem sinnesbegabten Urheber verfasst. In einem Fall wurde ein mit der Dadamaschinen-Software erzeugtes Redemanuskript angeblich beinahe zu einer Konferenz zugelassen, und damit hätte es, wenn es geschehen wäre, Alan Turings klassischen Test zur Überprüfung der Computer-Intelligenz bestanden.

Auf dem Gebiet des Entwurfs dürften ähnliche Phänomene auf der formalen, der visuellen oder der strukturellen Ebene anzutreffen sein. Die rechnerische Neuanordnung formaler Regeln, die einen bestimmten Stil beschreiben, definieren und formulieren, kann eine Permutation der möglichen formalen Äußerungen dieses Stils bewirken. Anhand der rund vierzig originalen Villenentwürfe Andrea Palladios konnten Hersey und Freedman die strengen geometrischen Regeln ermitteln, extrahieren und formulieren, nach denen Palladio diese Bauten entworfen hatte. Mit Hilfe eines Rechenalgorithmus gelang es ihnen, Grund- und Aufrisse von Villen zu erschaffen, die stilistisch nicht von Palladios eigenen Entwürfen zu unterscheiden sind. Dannenberg und Shusta entwickelten auf ähnliche Weise einen Algorithmus, der alle denkbaren Kombinationen von Hochhäusern für ein gegebenes Areal produziert [Abb. 1]. Ihre Strategie nutzt physikalische und geometrische Parameter zum Schreiben eines Computer-Modellierungscodes, der eine unendliche Zahl von Hochhaus-Möglichkeiten erstellt, rendert und organisiert, aus denen wiederum ein nach Struktur und Funktion kategorisiertes formales Register entsteht. Bemerkenswert an dieser, aber auch an jeder anderen kombinatorischen Analyse ist, dass sie rechnerisch jede denkbare jemals geschaffene oder noch zu schaffende Form hervorzubringen vermag.

Mit Algorithmen kann man Probleme von besonderer visueller oder organisatorischer Komplexität lösen, organisieren oder erkunden. Ein Rechenalgorithmus nutzt in seiner simpelsten Form numerische Methoden, um Probleme anzugehen. Die grundlegenden linguistischen Elemente, mit denen Algorithmen arbeiten, sind Konstanten, Variablen, Prozeduren *(procedures),* Klassen und Bibliotheken, die elementaren Operationen sind arithmetisch, logisch, kombinatorisch, relational und ordnend und werden nach spezifischen grammatikalischen und syntaktischen Regeln angeordnet. Diese Elemente und Operationen sind so konzipiert, dass sie die numerische Natur von Computern «ansteuern» und zugleich die Instrumente zur Zusammenstellung logischer Muster bieten. Zahlen werden zwar häufig als diskrete quantitative Einheiten angesehen, die zu Messzwecken dienen; rechnerisch lassen sich aber auch Zahlen konstruieren, die einen unendlichen Grad der Unterteilung erfassen können und damit theoretische Kontinuität aufzeigen. Ähnlich lassen sich Zufallsvariablen oder Zufallsbedingungen in einen Algorithmus einbauen, die den Grad der Unvorhersagbarkeit des Endergebnisses weiter erhöhen und das Komplexitätsniveau steigern. Entgegen der verbreiteten Überzeugung sind Algorithmen nicht nur deterministische Prozesse, die entwickelt werden, um ein vom menschlichen Geist dingfest gemachtes Problem zu erklären, zu begründen oder vorauszusagen; sie können darüber hinaus auch zu Orten der Auseinandersetzung mit Komplexitäten werden, welche die Fähigkeit des Menschen, zu erklären, zu begründen oder vorherzusagen, übersteigen.

Die zufällige Anwendung von Regeln auf ein Zufallsmuster bringt nicht zwangsläufig weitere Zufälligkeit hervor, sondern kann erstaunlicherweise einen gewissen Grad an Ordnung schaffen. Buffons Nadelexperiment[3] zeigte, dass die zufällige Erhebung der stochastischen Annäherung an die Zahl π = 3.141592... entspricht. In gleicher Weise bringt die zufällige Anwendung einfacher Regeln auf Zufallsmuster ein Phänomen hervor, das als Selbstorganisation bezeichnet wird. Selbstorganisation ist die progressive Entwicklung eines Systems aus einem zufälligen Anfangszustand zu einer organisierten Form. Anstatt einen zentrierten Prozess der hierarchischen Entscheidungsfindung einzusetzen, um Ordnung zu erschaffen, nutzen wir einen parallelen Prozess der multiplen Entscheidungsfindung auf der Basis lokal angrenzender Informationen, der zu einem kollektiven und geordneten emergenten Verhalten führt. In solchen Systemen, die als zelluläre Automaten[4] bezeichnet werden, interagieren die lokalen Agenten auf der

---

3   Georges-Louis LeClerc, Comte de Buffon (1707–1788), stellte fest, dass zufällig zu Boden geworfene Nadeln mit einer gegen π gehenden Wahrscheinlichkeit quer zu den Linien eines aus parallel verlegten Holzlatten gefertigten Fußbodens zu liegen kommen.
4   Siehe John v. Neumann: *The Theory of Self-reproducing Automata,* hrsg. von Arthur Burks, Urbana 1966.

Basis von Regeln, die der Information auf ihrer Ebene entsprechen, und steuern synchron Informationen zu einer kollektiven Entscheidung bei, die häufig ein unerwartetes Verhalten, wie etwa Selbstorganisation, zeigt. Solche Systeme lassen Autonomie, Selbsterhaltung, Adaptation, Heterogenität, Komplexität und Ordnung erkennen. Zelluläre Automaten werden zur Beschreibung, Erklärung und Voraussage komplexer Verhaltensmuster herangezogen, wie sie in der Biologie, der Mathematik, der Physik und in den sozialen Systemen anzutreffen sind.

Ein anderer, als genetischer oder evolutionärer Algorithmus[5] bezeichneter Zugang zu zellulären Automaten basiert auf der Evolutionsbiologie und nutzt Begriffe und Prozesse wie Genome, Chromosomen, Cross-over, Mutation oder Selektion. Die Evolution nimmt ihren Anfang mit einer Population ganz und gar zufälliger Individuen und vollzieht sich in Generationen. In jeder Generation wird die Tauglichkeit der gesamten Population evaluiert, mannigfaltige Individuen werden stochastisch aus der aktuellen Population (ihrer Tauglichkeit entsprechend) selektiert und durch Mutation oder Rekombination so modifiziert, dass sie eine neue Population bilden, die in der nächsten Iteration des Algorithmus die aktuelle Population bildet. Solche Systeme führen zur Emergenz geordneter Muster, die komplexe Verhaltensweisen simulieren, erklären und voraussagen können. Zufallsmuster werden auf diesem schrittweise sich wiederholenden Wege vergrößert und evaluiert, bis ein Set von befriedigenden Bedingungen zustande kommt. Genetische Algorithmen gehen ein Problem auf der Ebene des binären Codes (Genotyp) an und nutzen die resultierende Form (Phänotyp) zur Evaluierung des Fortschritts. So entfaltet sich ein Verhalten, eingebettet in den Prozess der Ableitung möglicher Problemlösungen. Dieses Verhalten beruht auf der Prämisse, dass sich individuelle Einheiten unter spezifischen Nebenbedingungen in global-funktionale Konfigurationen herausbilden können, indem sie ihre lokal-nachbarschaftlichen Bedingungen in einer repetitiven Weise überwinden. Entgegen einer verbreiteten Überzeugung resultiert ein solches scheinbar chaotisches Lokalverhalten nicht notwendigerweise in einem chaotischen Gesamtverhalten, sondern eher in einer entwickelten Form, welche die lokalen Nebenbedingungen optimiert (wenn nicht überhaupt aufhebt).

---

5   Siehe John H. Holland: «Genetic Algorithms: Computer programs that ‹evolve› in ways that resemble natural selection can solve complex problems even their creators do not fully understand», in: *Scientific American*, 1992, 66–72.

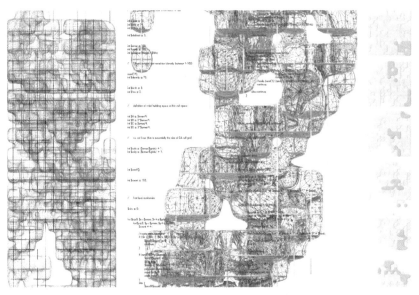

Abb. 2: Großmaßstäbliches Wohnbauprojekt auf der Grundlage zellulärer Automaten (Projekt von Mathew Snyder und Jeff Ding für den von Kostas Terzidis an der Harvard University gehaltenen Kurs GSD 2311).

Die Informationsmenge und das Komplexitätsniveau, die für die meisten Bauvorhaben gelten, insbesondere für Hochhäuser und großdimensionierte Wohnbauprojekte, gehören zu den größten Problemen der gegenwärtigen Architektur. Projekte für einige hundert oder tausend Bewohner breiten sich mittlerweile über große städtische Areale aus. Das alte Paradigma der Wohnbaugestaltung implizierte für solche Fälle die Entwicklung von Hochbauten, die in Stapelordnung für eine Vielzahl von Familienwohneinheiten dienten – unglücklicherweise die einzige Möglichkeit, einer exzessiven Komplexität mit manuellen Entwurfsfertigkeiten zu begegnen: Ein solches Schema ist einfach zu konzipieren, aber auch einfach zu realisieren. Das Unglückliche dieser Methode liegt eher in der Uniformität, der Gleichheit und Invariabilität, die in solchen Projekten zum Ausdruck kommt, im Gegensatz zur Individualität, Verschiedenheit und Identität, die menschliche Wesen und Familien erkennen lassen. Ein typologisches Verständnis, dem zufolge Wohneinheiten nach diversen Schemata zu kombinieren sind, um vielfältigen funktionalen, kontextuellen und ökonomischen Vorgaben zu genügen, liegt diesen Projekten zu Grunde. Während kleine Wohnbauten sich im Rahmen der gestalterischen Kapazitäten eines einzelnen Architekten realisieren lassen dürften, sind Entwurf und Planung großer, für mehrere tausend Bewohner ausgelegter Projekte eine ganz andere Herausforderung: Alle komplexen Anforderungen sollen erfüllt werden, ohne auf die konventionellen repetitiven Hochhaus-Schemata zurückzugreifen. Snyder und Ding gingen das Problem großmaßstäblicher Wohnhochhäuser durch den Rückgriff auf zelluläre Automaten als ordnendes Prinzip an, mit dessen Hilfe sich vielfältige Vorgaben erfüllen lassen [Abb. 2]. Somnez und Bu setzten stochastische Methoden zur Bestimmung der Position von Bauelementen innerhalb eines Hochhauses ein [Abb. 3].

Zufälligkeit erscheint Designern und Architekten deshalb problematisch, weil sie von jeher die Auffassung vertreten haben, dass Design etwas mit Zweck, Intention oder Ziel zu tun hat. Design steht also im Gegensatz zu Zwecklosigkeit, Zufälligkeit oder mangelnder Komplexität. Design kann gemäß traditionellem Verständnis nur dem Hirn eines sinnesbegabten Entwerfers entspringen. Entgegen diesen Annahmen legen Rechentheorien eine alternative Definition von Design nahe, nach der es durchaus sinnvoll ist, von Design zu sprechen, ohne dass gleichzeitig von einem sinnesbegabten Designer die Rede sein muss: Statt der Präsenz eines sinnesbegabten Geistes könnten nichtpersonale Kräfte gleichermaßen imstande sein, ein Phänomen auf den Plan zu rufen, das als Design

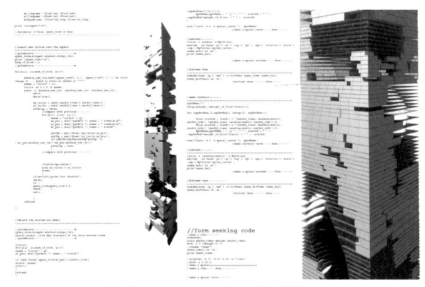

Abb. 3: Hochhaus-Studien auf der Grundlage stochastischer Methoden und eines Zufalls-Samplings (Projekt von Mete Somnez und Xiao Jun Bu für den von Kostas Terzidis an der Harvard University gehaltenen Kurs GSD 2311).

bezeichnet wird. Diese beiden antithetischen, obgleich metaphysischen Positionen präsentieren zwei unterschiedliche theoretische Zugänge zum intellektuellen Ursprung von Design.

Mit dem Aufkommen digitaler Prozesse kann man die Ansicht vertreten, dass bestimmte Qualitäten des menschlichen Geistes, etwa diejenigen, die unser Verständnis von «klug» oder «intelligent» ausmachen, also Scharfsinn, schnelles Denken oder Auffassungskraft, unter Umständen nicht wünschenswert oder sogar nicht anwendbar sind, wenn man es mit der Logik des Computers zu tun hat. Was in der einen Welt als intelligent gilt, kann in der anderen als dumm angesehen werden.[6] Wenn es in der traditionellen architektonischen Diskussion um Kreativität ging, dann immer unter dem dominanten Vorzeichen von Intuition und Talent und in der Idee, dass hinter stilistischen Überlegungen ein Individuum, ein Genie oder eine Gruppe talentierter Partner eines Büros stehen. Ein Algorithmus ist dagegen ein Verfahren, dessen Resultat nicht notwendigerweise seinem Urheber gutgeschrieben wird. Algorithmen werden als abstrakte und universale mathematische Operationen verstanden, die sich auf nahezu jede Art und jede Quantität von Elementen anwenden lassen. Wichtig ist nicht die Person, die den Algorithmus gefunden hat, sondern dessen Effizienz, Geschwindigkeit und generelle Gültigkeit. Man kann also sagen, dass die Entscheidungsfindung durch einen Menschen (das heißt der manuelle Entwurf) widersprüchlich, autoritär und häufig naiv sein kann im Vergleich zu computergenerierten Schemata, deren Komplexität, Folgerichtigkeit und generelle Gültigkeit gepriesen werden, weil sie den Entwurf von subjektiven Interpretationen befreien und zu Designs führen, deren Funktionalität selbst ihre Urheber überrascht. Zwischen diesen beiden ungleichen Praktiken bestehen große und sehr wesentliche Unterschiede sowohl ideologischer als auch methodologischer Art.

In den vergangenen vierzig Jahren, beginnend mit Christopher Alexanders *Notes on the Synthesis of Form* und Robert Venturis *Komplexität und Widerspruch in der Architektur* und fortgesetzt mit einer Vielzahl formaler Studien und rechne-

---

6   Zum Beispiel würde ein Mensch, um ein geheimes Passwort zu eruieren, kontextbasierte Vermutungen und deduktive Überlegungen anstellen, um Zeit und Mühe zu sparen. Dagegen kann ein Computer das gleiche Problem lösen, indem er lediglich alle überhaupt möglichen Kombinationen alphanumerischer Symbole prüft, bis das zueinander Passende gefunden ist. Diese Strategie, auch als «Brute-force-Methode» bezeichnet, würde einem forschenden Menschen erdrückend, zwecklos, naiv oder unmöglich erscheinen, während ein Computer dank seines Rechenpotenzials für diese «Strategie» vielleicht nur wenige Sekunden braucht, in denen er Millionen von Möglichkeiten prüft.

rischer Methoden[7], befassten sich Designer, Architekten und Stadtplaner in erster Linie mit der zunehmenden Komplexität, die mit der Gestaltung von Gebäuden, urbanen Arealen und Innenstädten einhergeht. Forschung und Praxis waren bemüht, die überkommenen «manuellen» Produktionsmethoden mittels computer-gestützter Design-Tools zu automatisieren und die Architekturschulen und Architekturbüros als Drehscheiben der wechselseitigen Befruchtung zwischen den Disziplinen anzusehen. Wenn man den architektonischen Entwurf mit anderen software-intensiven Disziplinen des Engineering Design vergleicht, muss man viele signifikante und kennzeichnende Unterschiede außer Acht lassen, um zumindest ein gemeinsames Thema zu identifizieren: den Einsatz rechnerischer Methoden angesichts übermäßig komplexer Aufgaben.

Die Architektur hat von jeher ausgiebig Gebrauch von Algorithmen gemacht. Auch wenn der Algorithmus mit der Computerwissenschaft assoziiert wird, handelt es sich bei den Anweisungen, Befehlen oder Regeln der architektonischen Praxis letzten Endes ebenfalls um Algorithmen. Das Architekturdesign hat eine lange Tradition der Auseinandersetzung mit komplexen programmatischen Anforderungen mittels einer Folge von Schritten, jedoch ohne ein spezifisches Entwurfsziel. Im Gegensatz zu anderen Entwurfsdisziplinen, in welchen das Ziel darin besteht, ein spezifisches Problem in bestmöglicher Weise zu lösen, ist das Architekturdesign unbestimmt, im Wandel, ungewiss. Kodifizierte Informationen wie Standards, Codes, Spezifizierungen oder Typen dienen nur dem Zweck, funktionalen Anforderungen gerecht zu werden, können aber eine gelungene Entwurfslösung nicht garantieren. Wenn das Entscheiden unter ungewissen Bedingungen ein bestimmtes Maß an Erfahrung, Intuition und Ingeniosität erfordert, kann man andererseits auch sagen, dass es eine Fähigkeit erfordert, so viele Zufallsfehler zu machen, wie auf dem Weg zu einer akzeptablen Lösung eben gemacht werden müssen. Diese zweite Erfordernis ist, obwohl plausibel, zu keiner Zeit als gangbare Option angesehen worden, und das aus mindestens zwei Gründen: zum einen, weil es ganz schlicht zu mühsam ist, alle existierenden

7   Siehe Christopher Alexander: *Notes on the Synthesis of Form,* Cambridge 1967; Robert Venturi: *Complexity and Contradiction in Architecture* New York[2] 2002. Deutsche Ausgabe: *Komplexität und Widerspruch in der Architektur,* Braunschweig 1978; siehe auch Marco Novak: «Computational Compositions», in: *ACADIA, 88, Proceedings,* S. 5–30; William Mitchell: *The Logic of Architecture,* Cambridge 1990; Peter Eisenmann: «Visions Unfolding: Architecture in the Age of Electronic Media», in: *Domus,* 734 (Januar 1992), S. 20–24; John Frazer: *An Evolutionary Architecture,* London 1995; Greg Lynn: *Animate Form,* New York 1999.

Möglichkeiten durchzugehen, zum anderen, und das wiegt besonders schwer, weil es hier an der wichtigsten Zutat jeder Entscheidung fehlt, an der menschlichen Beteiligung. Entscheidungen sind *per definitionem* bewusst und daher menschlich. Rechnersysteme besitzen keine kausalen Kräfte, die ihnen Absichtlichkeit verleihen könnten, eine notwendige Vorbedingung des Denkens. Begriffe wie Verstehen, Entscheiden, aktives Überdenken oder auch nüchternere wie etwa Wissen, Vorschlagen oder Helfen schließen ein elementares Niveau von Bewusstheit ein, das Computer nicht besitzen.[8] Und doch präsentieren solche Systeme – paradoxerweise – gelegentlich wirklich interessante Lösungen mittels zufälliger Iterationen, die durch die Verwendung fragwürdiger Bezeichnungen wie genetisch, artifiziell oder automatisch charakterisiert sind, von denen keine theoretisch akkurat ist.

Wegen der quantitativen Natur des Themas schließt das Studium der Komplexität zwangsläufig Rechenmethoden zur Analyse, Simulation und Synthese von Systemen ein, die mit großen Mengen von Informationen oder Informationsverarbeitung zusammenhängen. Anders als die traditionellen Analyse- und Synthesemethoden bieten Rechenschemata einen Grad an Rationalität, der ihnen den Eingang in für Computer ausführbare Programme gestattet. Zudem lässt die Kapazität zur Produktion großer Mengen von Zufallsproben die Suche nach vielfältigen Lösungen zu, von denen einige vielleicht niemals vom Designer auch nur ins Auge gefasst worden sind. Das eröffnet ein größeres Potenzial, verglichen mit dem, was zuvor möglich gewesen ist: Es ist nicht mehr allein die menschliche Intelligenz, die zur Lösung von Entwurfsproblemen genutzt wird; vielmehr wird eine komplementäre synergetische Beziehung zwischen Menschen und Computern möglich. Daher muss jede wissenschaftliche Annäherung an den Entwurfsprozess nicht nur systematische, methodische und rationale Modelle in Erwägung ziehen, sondern auch alternative Herangehensweisen, die auf die Natur des Entwerfens als einen unendlichen, *ill-defined* und chaotischen Prozess ausgerichtet sind.

---

8   Das von John Searle ins Gespräch gebrachte chinesische Paradoxon handelt von Intentionalität, Verstehen und bewusster Erfahrung: In einem Raum befindet sich ein Tisch mit Karten, die chinesische Ideogramme zeigen. Ein Set von Regeln, wie diese Karten anzuordnen sind, ist ebenfalls vorhanden. Ein Mensch, der nicht Chinesisch spricht, betritt den Raum und arrangiert die Karten. Anschließend kommt ein chinesisch sprechender Mensch dazu, besieht das Arrangement und sagt, dass dies ja ein wunderschönes Gedicht sei. Selbstverständlich hatte die erste Person nicht die leiseste Ahnung, was sie tat und welche Wirkung ihr Tun haben würde. John Searle: «Minds, Brains and Programs», in: *Behavioral and Brain Sciences* 3, Bd. 3, 1980, S. 417–457.

Architekten wie Ingenieure befürworten den Einsatz rechnerischer Strategien, wenn es darum geht, komplizierte Entwurfsanforderungen anzugehen, zu bearbeiten und zu erfüllen. Solche Strategien resultieren aus einer Logik, die davon ausgeht, dass systematische, methodische und nachvollziehbare Denkmuster imstande sind, fast jedes Entwurfsproblem zu lösen. Diese Annahme mag für *well-defined* Probleme zutreffen, die meisten Entwurfsprobleme sind jedoch nicht durchweg klar definiert. Tatsächlich stimmt die Vorstellung von Design als abstraktes, uneindeutiges, unendliches und unvorhersagbares intellektuelles Phänomen recht gut mit der Art der Definition – oder vielleicht mit dem Mangel an einer einzigen Definition – von Design überein. Aber schon das bloße Vorhandensein gewisser uneindeutiger Qualitäten wie des Unendlichen, des Vagen oder Flüchtigen weist darauf hin, dass es beim Design vielleicht nicht nur um eine Epiphanie, um das außergewöhnliche intellektuelle Vermögen eines Genies oder um eine methodische Collage von Konstruktionselementen geht, sondern auch um die progressive optimierende Suche nach möglichen Lösungen auf der Basis eines iterativen und zufälligen Samplings. Wenn dieses letztgenannte Verständnis manchen Lesern vielleicht fremd, naiv oder sogar gefährlich erscheint, so hat es dank seiner praktischen Umsetzung in einer zunehmend computerdominierten Design-Welt durchaus gewisse Verdienste. Tatsächlich sind seine philosophischen Implikationen insofern sogar interessanter, als sie die eigentliche Natur dessen, was Design ist, oder sogar dessen, was Kreativität ist, herausfordern. Unabhängig von den intrinsischen Unterschieden ist klar, dass beide Positionen für das Aufspüren und Verstehen von Komplexität und für die Auseinandersetzung mit Komplexität wesentlich sind.

Klaus Mainzer

KOMPLEXITÄT. STRATEGIEN IHRER GESTALTUNG IN NATUR, GESELLSCHAFT UND ARCHITEKTUR

Hommage à Robert Venturi

Robert Venturis Ausführungen zur Komplexität der Architektur haben bemerkenswerte Parallelen zur Komplexitätsforschung. In seinen Büchern *Komplexität und Widerspruch in der Architektur*[1], *Lernen von Las Vegas*[2] sowie später in *Iconography and Electronics upon a Generic Architecture*[3] werden vergleichbare Ideen in der Architektur zum Ausdruck gebracht, wie ich sie in der Komplexitätsforschung von Natur- und Gesellschaftswissenschaften, Computer, Informations- und Kommunikationstechnologie verfolgt habe. Komplexität wird von Venturi als Antwort auf die klassische Moderne verstanden, deren puristische Formen und Funktionen nicht ausreichen, um die Vielfalt, Brechungen und Dynamik der urbanen Lebenswelt der Menschen im nachindustriellen Zeitalter des späten 20. und beginnenden 21. Jahrhunderts zu erfassen. Wie sehr Venturi diesen Ansatz über die Architektur hinaus als allgemeine Situationsanalyse begreift, stellt er gleich zu Beginn von *Komplexität und Widerspruch* fest:

«Instead, I speak of a complex and contradictory architecture based on the richness and ambiguity of modern experience, including that experience which is inherent in art. Everywhere, except in architecture, complexity and contradiction have been acknowledged from Gödel's proof of ultimate inconsistency in mathematics to T.S. Eliot's analysis ‹difficult› poetry to Joseph Albers' definition of the paradoxical quality of painting.»[4]

1   Robert Venturi: *Complexity and Contradiction in Architecture,* New York 1966, S. 22. Deutsche Ausgabe: Robert Venturi: *Komplexität und Widerspruch in der Architektur,* hrsg. von Heinrich Klotz, Basel, Boston, Berlin 2000 (1. deutsche Auflage: Braunschweig 1978).

2   Robert Venturi, Denise Scott Brown und Steven Izenour: *Learning from Las Vegas. The Forgotten Symbolism of Architectural Form,* New York 1972, S. 151. Deutsche Ausgabe: Robert Venturi, Denise Scott Brown und Steven Izenour: *Lernen von Las Vegas. Zur Ikonographie und Architektursymbolik der Geschäftsstadt,* Basel, Boston, Berlin 2000 (1. deutsche Auflage: Braunschweig 1979).

3   Robert Venturi: *Iconography and Electronics upon a Generic Architecture. A View from the Drafting Room,* Cambridge/Mass. 1996.

4   Venturi, 1966, S. 22; Venturi: 2000, S. 23. «Im Gegensatz dazu will ich über eine komplexe und widerspruchsreiche Architektur sprechen, die von dem Reichtum und der Vieldeutigkeit moderner Lebenserfahrung zehrt, einschließlich der Erfahrungen, die nur in der Kunst gemacht werden. Überall wurde das Prinzip von Vielfalt und Widerspruch anerkannt, nur nicht in der Architektur: so durch Gödels Beweis letztendlicher Inkonsistenz in der Mathematik, durch T.S. Eliots Analyse ‹schwieriger› Dichtung und durch Joseph Albers' Bestimmung des paradoxen Charakters von Malerei.»

In meinen Augen fanden die reinen und abstrakten Formen der Moderne in den mathematischen Symmetrie-, Struktur- und Invarianzgesetzen der modernen Physik ihre Entsprechung, die letztlich eine auf Platon zurückgehende Sicht waren: Die Vielfalt und Veränderung der Welt ist danach auf einfache und unveränderliche ideale Formen zu reduzieren.[5] Was für Platon die regulären Körper der euklidischen Geometrie als Bausteine des Universums waren, sind für den modernen Hochenergiephysiker und Kosmologen die Symmetrieeigenschaften von Elementarteilchen. Analog suchten Architekten wie Le Corbusier die reinen und funktionalen Formen der Moderne in der Proportionensprache der griechischen Tempel. In *Symmetrien der Natur*[6] habe ich diese Wissenschaftssicht der Moderne in Mathematik, Physik, Chemie, Biologie, Kunst und Architektur untersucht und sie historisch bis zu ihren antiken Quellen verfolgt. Veränderung, Vielfalt und die Entstehung von Neuem wird im Allgemeinen nur durch Symmetriebrechungen und Zufallsfluktuationen möglich. Physiker sprechen dann von sogenannten Phasenübergängen und Nicht-Gleichgewichtsdynamik. In *Symmetrien der Natur*[7] verweise ich mit Blick auf die Architektur auf die Postmoderne, kann mich aber mit ihr, ähnlich wie Robert Venturi, nicht identifizieren: Denn das häufig doch nur Aufgesetzte, Beliebige und Gefällige der architektonischen Postmoderne geht am Wesen der Komplexität der Welt vorbei.

Thinking in Complexity[8], das 1994 in der ersten Auflage erschien, stellt in gewisser Weise das systemtheoretische Pendant zu Venturis *Complexity and Contradiction in Architecture* dar. Es setzt mit einer Kritik des Laplace'schen Geistes ein, wonach die Welt unter den Voraussetzungen der klassischen Mechanik als vollkommen berechenbar angenommen wurde. Der Planbarkeitswahn der Moderne hat in der Fiktion des Laplaceschen Geistes seine Wurzeln. Was für Venturi die bunte Vielfalt, Brechungen und Zufälligkeiten des Las Vegas Strip sind, zeigt sich für mich in der Fraktalität, Symmetriebrechung und nicht linearen Dynamik komplexer Systeme. Hässlichkeit und Alltäglichkeit sind ebenso inte-

---

5   Platon: *Timaios* 53d.
6   Klaus Mainzer: *Symmetrien der Natur. Ein Handbuch zur Natur- und Wissenschaftsphilosophie,* Berlin, New York 1988.
7   Ebenda, Kapitel 5.4.
8   Klaus Mainzer: *Thinking in Complexity. The Computational Dynamics of Matter, Mind, and Mankind,* Berlin, Heidelberg, New York [5]2007.

grale Bestandteile menschlicher Lebenswelt wie Entropie, Rauschen und Zufälligkeit in wirklichen physikalischen Systemen. Wer sie zu eliminieren versucht, verkennt die Realität dieser Welt. Erst durch Symmetriebrechungen und Zufallsrauschen werden Schöpfung, Kreativität und Innovation überhaupt möglich.[9]

Komplexe Systeme bestehen aus vielen interagierenden Elementen – von den Molekülen einer Flüssigkeit oder Luftströmung über Zellen in Organismen und Organismen in Populationen bis zu Menschen in Märkten und Gesellschaften oder Prozessoren in Computernetzen wie dem World Wide Web. Komplexe Systeme wie Klimasysteme, Wirtschaftssysteme, Organismen, Populationen, Märkte oder Kommunikationsnetze lassen sich nicht wie mechanische Geräte steuern. Sie gehorchen aber nicht linearen Gesetzen der Selbstorganisation, die wir durchaus verstehen können. Ihre nicht lineare Mathematik erlaubt zwar in der Regel keine analytischen Lösungen, um das Verhalten einzelner Elemente wie beispielsweise eines Planeten oder einer Billardkugel genau voraussagen und damit planen zu können. Wir können aber ihre Dynamik auf dem Computer simulieren und damit typische Verhaltensmuster des Gesamtsystems unter geeigneten Nebenbedingungen untersuchen. So können wir auch bei Klimamodellen geeignete Maßnahmen in der Simulation erproben.

Auf Architektur und Stadtplanung übertragen, sind Geschäftsstädte wie Las Vegas komplexe urbane Systeme, deren nicht lineare Dynamik nicht wie eine cartesianische Stadt am Reißbrett planbar ist. Hier eröffnen computerbasierte Entwurfsverfahren neue Möglichkeiten der Simulation in virtueller Realität. Städte sind keine konstruierbaren und planbaren Maschinen im Sinne des Industriezeitalters, wie immer wieder von Vertretern der Moderne propagiert wurde.[10] Typische komplexe Systeme sind Organismen und Ökosysteme, die sich selber organisieren. Ihre Eigendynamik kann in instabile Situationen mit hoher Empfindlichkeit geraten. Dennoch folgen sie mathematisierbaren Gesetzen, die häufig nur stochastisch formulierbar sind. Hierin liegt auch der wesentliche Unterschied zur architektonischen Postmoderne: Komplexität ist gesetzmäßig modellierbar. Wir müssen allerdings lernen, die Ikonografie komplexer Systeme zu verstehen. In der Theorie komplexer Systeme dienen dazu sogenannte Zeit-

9   Vgl. Klaus Mainzer: *Der kreative Zufall. Wie das Neue in die Welt kommt,* München 2007, Kapitel 7.
10   *Programme und Manifeste zur Architektur des 20. Jahrhunderts,* hrsg. von Ulrich Cconrads, Bauwelt Fundamente Bd. 1, Basel, Boston, Berlin 2000 (Originalausgabe Berlin 1964).

reihen- und Attraktorenanalysen.[11] In der Architektur hat Venturi die Zeichensprache urbaner Systeme untersucht. Zukunftsweisend stellt er dazu zum Beispiel in *Iconography and Electronics upon a Generic Architecture* die prägende Rolle von Informations- und Computertechnologie heraus.

Komplexe Systeme der Natur und Gesellschaft

Ende des 18. Jahrhunderts, auf dem Höhepunkt der französischen Aufklärung und im Zeitalter der Mechanik, ging der französische Astronom und Mathematiker Pierre-Simon Laplace (1747–1827) von einer allumfassenden Berechenbarkeit der Natur aus, wenn alle Kraftgesetze und Anfangsbedingungen bekannt wären. Damals sprach man vom «Laplace'schen Geist». Heute könnte man sich einen Computer auf der Grundlage aller dieser Gleichungen vorstellen. Das ist im Prinzip für einfache Systeme auch richtig, wenn zum Beispiel nur zwei Elemente in Wechselwirkung stehen, das sogenannte Zwei-Körper-Problem. In diesem Fall beeinflusst ein Element A kausal ein Element B. Wir können uns den Stoß einer Kugel auf eine andere Kugel vorstellen. Ursache und Wirkung eines kausalen Ablaufs sind dann proportional, wenn ähnliche Ursachen ähnliche Wirkungen hervorrufen, also ein kleiner Stoß der einen Kugel eine kleine Auslenkung der anderen Kugel und ein großer Stoß eine große Auslenkung. Ferner kann in diesem Beispiel davon ausgegangen werden, dass Ursachen eindeutig ihre Wirkungen determinieren. Proportionale und determinierte Wechselwirkungen entsprechen linearen Gleichungen, die mathematisch einfach zu lösen sind.

---

11 Darunter versteht man Folgendes: Zeitreihen sind zeitabhängige Folgen von Messdaten, in denen die Veränderungen (d.h. Dynamik) der Zustände eines komplexen Systems festgehalten werden. So ist z.b. das Herz ein komplexes zelluläres System, dessen zeitliche Zustandsänderungen in den EKG-Kurven zum Ausdruck kommen. Attraktoren sind Zustände, in die ein dynamisches System langfristig involviert wird. Ein Gleichgewichtszustand entspricht einem Fixpunkt-Attraktor, der sich im Lauf der Zeit nicht mehr verändert («fixiert bleibt»). Beispiel ist ein schwingendes Pendel, das aufgrund seiner Reibung zur Ruhe kommt. In Grenzzyklen wiederholen sich Zustände periodisch. Beispiele sind alle periodischen Schwingungen (wie z.B. bei einer Uhr oder beim Herzschlag). Im Fall eines Chaosattraktors mündet die Zustandsentwicklung eines Systems in nicht periodischem und irregulärem Verhalten, das langfristig nicht prognostizierbar ist (Beispiel: Herzkammerflimmern). In der Zeitreihen- und Attraktorenanalyse kommt es darauf an, Zustände des jeweiligen komplexen Systems zu definieren, um seine Zeitreihenmuster bzw. Attraktorentypen zu identifizieren und Konsequenzen für den Umgang mit diesen Systemen zu ziehen. Vgl. Klaus Mainzer: *Komplexität*, UTB-Profile, München 2008.

Die vollständige Berechenbarkeit ist aber nicht mehr gewährleistet, wenn mehr als zwei Elemente eines dynamischen Systems wechselwirken (Mehrkörper-Probleme) – selbst dann, wenn Ursachen eindeutig ihre Wirkungen determinieren. In diesem Fall kann es zu vielfältigen und rückgekoppelten Wechselwirkungen der Elemente kommen, die sich gegenseitig steigern und zu Instabilität, Turbulenz und Chaos führen. Wenn Ursache und Wirkung der Wechselwirkungen weiterhin eindeutig determiniert sind, spricht man auch vom «deterministischen Chaos»[12]. Mathematisch entsprechen diese rückgekoppelten Wechselwirkungen den voneinander abhängigen nicht linearen Gleichungen, die nicht ohne Weiteres analytisch zu lösen sind. Im Fall von deterministischem Chaos liegt eine empfindliche Abhängigkeit von kleinsten Veränderungen der Anfangsbedingungen vor. Das ist der berühmte Schmetterlingseffekt: Ein kleiner nicht beachteter Wirbel auf der Wetterkarte, der im Prinzip durch den Flügelschlag eines Schmetterlings ausgelöst werden könnte, steigert sich in einer instabilen Situation zu einer globalen Veränderung der gesamten Wetterlage.[13] Daher sind Wettervoraussagen auch nur kurzfristig prognostizierbar, keinesfalls aber langfristig. Der Berechenbarkeitsaufwand für zukünftige Prognosen wächst nämlich in instabilen Systemen exponentiell, selbst wenn die Gleichungen von Ursachen und Wirkungen eindeutig determiniert sind.

Interessant sind besonders die offenen Systeme, die in ständigem Stoff- und Energieaustausch mit ihrer Umwelt stehen. In ihnen können die Wechselwirkungen der Systemelemente auf der Mikroebene kollektive Muster und Strukturen auf der Makroebene schaffen, die ihrerseits wieder auf das Verhalten der einzelnen Elemente zurückwirken. Durch diese rückgekoppelten Wechselwirkungen von Mikro- und Makroebene eines komplexen Systems organisieren sich also Chaos und Ordnung in Abhängigkeit vom Stoff- und Energieaustausch mit der Umwelt. Wir sprechen dann von der «Selbstorganisation von Chaos und Ordnung in offenen komplexen dynamischen Systemen». Dabei kann es sich ebenso um Klimasysteme aus vielen Molekülen handeln wie um Organismen aus vielen Zellen oder Populationen vieler Pflanzen und Tiere.

Selbstorganisation ist mit Phasenübergängen komplexer dynamischer Systeme verbunden, die zur Entstehung immer komplexerer Strukturen führen.

12 Vgl. Ebenda, Kapitel 4.
13 Vgl. Ebenda.

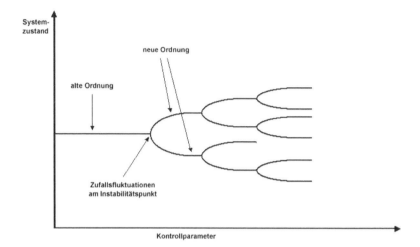

Abb. 1: Bifurkationsbaum zur Darstellung von Phasenübergängen in komplexen dynamischen Systemen.

Eine Strukturentstehung, die auf die Selbstorganisation komplexer Systeme zurückzuführen ist, wird auch Emergenz genannt. Anschaulich kann man diese Phasenübergänge in einem Verzweigungsbaum illustrieren [Abb. 1], in dem die sich verändernden Systemzustände in Abhängigkeit von einem Kontrollparameter dargestellt sind. Durch veränderte Systembedingungen brechen alte Ordnungen in der Nähe von Instabilitätspunkten zusammen, und neue Ordnungen und Muster entstehen. In diesem Fall sind Instabilitätspunkte als Verzweigungspunkte dargestellt, an denen sich neue Entwicklungsäste eröffnen. Bei geeigneter Interpretation dieser Größen können so neue Strömungsmuster der Aerodynamik ebenso selektiert werden wie neue Arten im Darwin'schen Evolutionsbaum.

Mit Blick auf die Kulturgeschichte ist es naheliegend, die Entwicklung menschlicher Gesellschaften als Dynamik komplexer Systeme zu verstehen. Jäger-, Bauern- und Industriegesellschaften breiteten sich wie Wetterfronten auf geografischen Karten aus. Schon bei der Industrialisierung des 19. Jahrhunderts bildeten Straßen- und Eisenbahnnetze das Nervensystem der sich ausbreitenden Nationalstaaten.

In Computermodellen lässt sich die Dynamik von Stadtentwicklungen studieren: Man beginnt mit einer gleichmäßig bewohnten Region. Sie wird auf einem schachbrettartigen Netz von Knotenpunkten simuliert, an denen die sich verändernden Bevölkerungskonzentrationen im Laufe der Zeit dargestellt sind. Die Orte sind durch Funktionen verbunden, in denen ihre industrielle Kapazität, Verkehrsverbindungen, aber auch ihr Freizeit- und Erholungswert zum Ausdruck kommen. Eine Populationsgleichung modelliert die nicht lineare Dynamik der Besiedlung, die sich in neuen Stadtzentren, Industriegebieten, Ballungszonen, Veränderungen des Verkehrsnetzes zeigt. Ihre Siedlungsmuster entsprechen makroskopischen Ordnungen, die durch Ordnungsparameter charakterisierbar sind.

Solche komplexen Systeme erinnern eher an die Dynamik von Organismen als an Maschinen, die sich zentral planen und steuern lassen. Die architektonische Moderne betrachtete demgegenüber die Stadt als eine Wohn- und Arbeitsmaschine. Damit steht sie in der Tradition cartesianischer Stadtplanung des neuzeitlichen Rationalismus, die an der nicht linearen Dynamik komplexer Siedlungen und Städte scheiterte. Komplexitätsforschung lässt uns die Gesetze nicht linearer Dynamik besser verstehen, ohne sie beherrschen zu können. Vielmehr zeigt sie uns Gestaltungspotenziale, um durch geeignete Nebenbedingungen

Systeme dazu zu bringen, sich selber in gewünschte Richtungen zu entwickeln. Auch der Klimawandel lässt sich nicht einfach «abstellen», indem wir irgendwelche Hebel umlegen. Frühzeitig müssen Rand- und Anfangsbedingungen geändert werden, um die komplexe Dynamik geeignet zu beeinflussen. Computermodelle einer Stadtdynamik dienen dem Studium der urbanen Eigendynamik, um in der Simulation die Auswirkungen städtebaulicher Maßnahmen zu studieren. Bei der Komplexität dieser Dynamik gibt es keine analytischen Lösungen, die sich quasi aus Gleichungen ableiten lassen.

Selbstorganisation und Dynamik in Computer-, Informations- und Kommunikationssystemen

Die bisherigen Beispiele zeigen, dass die Untersuchungen von Chaos und nicht linearer Dynamik in komplexen Systemen wesentlich auf Computer-Simulationen angewiesen sind, da analytische Lösungen entsprechender Differential- und Integralgleichungen der nicht linearen Dynamik häufig nicht möglich sind. Die mathematischen Prinzipien der Theorie dynamischer Systeme waren bereits Anfang des 20. Jahrhunderts bekannt. Aber erst Visualisierungen und Computerexperimente auf der Basis heutiger Rechnertechnologie machen den Forschungsboom und die Popularität verständlich, die Komplexitätsforschungen heute auszeichnen. Sie genügen häufig, um die hochgradige Nicht-Linearität einer Systemdynamik zu simulieren. Ein Beispiel sind die computerbasierten Entwürfe in Architektur und Städteplanung. Sie kommen in der Regel nicht ohne nicht lineare Differenzial- und Integralgleichungen aus, mit denen mathematisch die Entwicklungsdynamik komplexer Systeme wie die von Städten und Siedlungen zu beschreiben wäre.

Es geht aber nicht nur um computerbasierte Simulation dynamischer Systeme. Unsere Lebenswelt wird mittlerweile von komplexen digitalen Kommunikationsnetzen geprägt. In der ersten Webgeneration Web 1.0 wurden virtuelle Dokumente nur repräsentiert und durch Links miteinander verbunden. Die nächste, unsere derzeitige Generation wird Web 2.0 genannt. An die Stelle der bloßen Repräsentation und des ausschließlich passiven Rezipierens von Dokumenten und Websites tritt das kollektive Mitgestalten: Web 2.0 will kollektive Web-Intelligenz erzeugen. Standardisierung, Weiterverwendbarkeit, Mitwirkung und Teilhabe, Nutzerfreundlichkeit, Wirtschaftlichkeit und medienübergreifendes Publizieren erfordern Tools kollektiver Intelligenz: Blogs, Wikis, Podcasts, Social Networking, Video Communities, Foto Communities und andere sind zu nennen. Bekannt ist auch die Web-Enzyklopädie Wikipedia, an der Tausende von anonymen Autoren schreiben. Keineswegs zufällig und minderwertig entstehen hier Fachartikel durch Selbstorganisation. Selbstkorrektur und *self-controlling* führen zu messbarer Qualitätsverbesserung.

Ein anderes Phänomen simulierter Realität ist *Second Life,* das virtuelle Leben im Netz. In diesem Online-3D-Spielplatz navigieren Millionen von Internet-Usern mit selbst kreierten Avataren durch eine fotorealistische 3D-Welt, sie interagieren mit anderen Spielern und erschaffen neue Welten nach ihrem Geschmack. Der Grundstückskauf und das Entwerfen von Gebäuden und Siedlungen gehören zu den grundlegenden Aktivitäten in *Second Life.* Es wäre interessant, Venturis *Lernen von Las Vegas* auf die Typologie virtuell existierender Strips von *Second Life* anzuwenden, um Ikonografie und Architektursymbolik einer virtuellen Geschäftsstadt zu studieren.

Um allerdings in der Vielfältigkeit und Komplexität dieser virtuellen Welten nicht unterzugehen, müssen Informationssysteme intelligenter werden und lernen, sich auf den Nutzer einzustellen. Personalisierung ist die Antwort auf die Herausforderung digitaler Komplexität. Man spricht mittlerweile vom *Ubiquitous Computing,* den überall in den Geräten der Alltags- und Berufswelt vorhandenen Mikroprozessoren und Rechenfunktionen. *Ubiquitous Computing* bedeutet die umfassende Informatisierung durch digitale Informations- und Kommunikationsnetze, die den Organismus unserer Lebenswelt bereits wie komplexe Nervensysteme durchdringen. Im *Ubiquitous Computing* sind personalisierte *Information Devices* sowohl lokal als auch global drahtlos *(wireless)* und über das World Wide Web überall verfügbar. Sie treten zwar als Geräte in den Hintergrund *(Invisible Computing),* um gleichsam aber die Lebenswelt zu ergänzen *(Augmented Reality).* Der Architekt und Städteplaner wird sich überlegen, wie die elektronischen Infrastrukturen von Gebäuden und Geräten «personalisiert» zu entwerfen sind. Bei Venturi lesen wir:

«The relevant revolution today is the current electronic one. Architecturally, the symbol systems that electronics purveys so well are more important than its engineering content. The most urgent technological problem facing us is the humane meshing of advanced scientific and technical systems with our imperfect and exploited human systems, a problem worthy of the best attention of architecture's scientific ideologues and visionaries.»[14]

Für die Architektur und Raumgestaltung sind personalisierte Informationsdienste in der Arbeitswelt eine große Herausforderung: Im *Ubiquitous Com-*

puting werden Besprechungsräume möglich, in denen neben Raumelementen wie beispielsweise Tischen und Stühlen keine Rechner zu sehen sind außer persönlichen PDA-Endgeräten *(Personal Digital Assistent).* Alle Teilnehmer kommunizieren und bearbeiten ein gemeinsames Projekt über sensitive Interaktionsflächen und natürliche Gestensteuerung. Heterogene Infrastruktur lässt sich durch ergonomische Architektur bewältigen. Sensibel ist die Frage, wie man seinen persönlichen Datenzugang sichern und einen sicheren Datenzugang erhalten kann.

Was Venturi als Herausforderung des digitalen Zeitalters benennt, nämlich das «the humane meshing of advanced scientific and technical systems with our imperfect and exploited human systems.»[15], muss zu neuen ergonomischen Infrastrukturen führen. Dabei handelt es sich keineswegs um die mit Recht von ihm kritisierten futuristischen Science-Fiction-Architekturen[16]. Architektur muss die reale Komplexität von Menschen und ihrer Lebenswelt erfassen, um human zu werden.

14 Venturi, Scott Brown und Izenour, wie Anm. 2, S. 151; *Lernen von Las Vegas,* 2000, wie Anm. 2, S. 178: «Die technische Revolution der Gegenwart findet in der elektronischen Industrie statt. Für den Bereich der Architektur sind die Symbolsysteme, die elektronisch gespeist und gesteuert werden, wesentlich wichtiger als die wissenschaftlich-technischen Grundlagen der Elektronik selbst. Das drängende technologische Problem unserer Zeit stellt sich überall dort, wo es gilt, ein humaneres Ineinandergreifen fortgeschrittener wissenschaftlich-technischer Systeme und unserer unperfekten und erschöpften menschlichen Systeme zustande zu bringen, ein Problem, das aller Aufmerksamkeit seitens der Wissenschaftsgläubigen und Zukunftsorientierten unter den Architekten wert wäre.»
15 Wie Anm. 2, S. 151; *Lernen von Las Vegas,* 2000, S. 178: «humanere Ineinandergreifen fortgeschrittener wissenschaftlich-technischer Systeme und unserer unperfekten und erschöpften menschlichen Systeme»
16 Wie Anm. 2, S. 150; *Lernen von Las Vegas,* 2000, S. 176: «Heroische und originelle Architektur bauen zu wollen scheint zumeist auch mit dem Bemühen um technologischen Avantgardismus parallel zu gehen. Die Kluft zwischen Gehalt und Erscheinungsbild bei den Bauten eines technizistischen Machismo und die Kostspieligkeit ihrer zumeist hohlen Gesten traten bereits zu einem früheren Zeitpunkt auf, als die meisten Architekten zugestehen würden.»

Johann Feichter
KOMPLEXITÄT UND KLIMA

«Lange bevor es die bauende Bewegung des menschlichen Geistes gab, war die bauliche Bewegung im Weltall und sie war schon ein Schichten und Fugen und blieb es bis heute. So wie wir unsere Mauern errichten, errichtet sich die Erde seit je Schicht um Schicht aus den Niederschlägen der Luft und des Wassers.»[1]

Das Überraschende an Komplexität ist, dass sie aus Einfachem entsteht. Fraktale[2] zum Beispiel gewinnen ihre Komplexität aus der steten Wiederholung einfacher Grundregeln. Ähnlich funktionieren komplexe numerische Modelle, die zur Beschreibung unseres Lebensraums, des Klimasystems, entwickelt wurden. Diese Modelle beinhalten eine große Zahl an Prozessen, von denen jeder Einzelne einen Vorgang stark vereinfacht beschreibt. Die Komplexität ergibt sich aus den zahlreichen Verknüpfungen und Rückkopplungen zwischen den einzelnen Prozessen. Dieses «Miteinander-verflochten-sein» ist genau die Bedeutung des Lateinischen Wortes «komplex».

Vom Komplexen zum Einfachen

Denken heißt Abstrahieren, heißt sich ein Bild zu konstruieren vom sinnlich Wahrgenommenen. Denken heißt, sich ein Modell der Wirklichkeit schaffen und Gesetzmäßigkeiten (er)finden. In der radikalsten Form des Abstrahierens fassen wir die Wirklichkeit in Zahlen und formulieren Gesetzmäßigkeiten als mathematische Algorithmen, so wie beispielsweise die Gleichungen der Hydrodynamik die Strömungen in der Atmosphäre und im Ozean beschreiben. Der französische Wissenschaftstheoretiker Gaston Bachelard formulierte als Gegenthese zu einem romantischen Sensualismus: «Der wissenschaftliche Geist [...] kann angesichts der Natur nur lernen, wenn er die natürlichen Stoffe reinigt und die verworrenen Erscheinungen ordnet.»[3] Ähnlich plädierte auch Gottfried Wilhelm Leibniz für eine Mathematisierung der Naturerkenntnis, indem er ausführte, dass «das Menschengeschlecht» mit einem «Calculus» zur Überführung aller Zeichen in charakteristische Zahlen ein neues Instrument besitzen würde, «welches

---

1   Rudolf Schwarz: *Die Bebauung der Erde*, Heidelberg 1949, S. 21.
2   Ulf Skirke: *Technologie und Selbstorganisation: Zum Problem eines zukunftsfähigen Fortschrittsbegriffs*, Dissertation am Fachbereich Philosophie der Universität Hamburg, 1998, S. 77.
3   Gaston Bachelard: *Die Bildung des wissenschaftlichen Geistes*, Frankfurt am Main 1978, S. 111.

das Leistungsvermögen des Geistes weit mehr erhöhen wird, als optische Gläser die Sehschärfe der Augen fördern, und das die Mikroskope und Teleskope in dem gleichen Maße übertreffen wird, wie die Vernunft dem Gesichtssinn überlegen ist».[4] Die komplexe Wirklichkeit in mathematische Symbole und Algorithmen zu fassen ist ein Versuch, sie überschaubar und fassbar zu machen.

Was in der Meteorologie als «Klimasystem» bezeichnet wird, umfasst die Atmosphäre, die Hydrosphäre (Ozeane und Wasserkreislauf), die Kryosphäre (Seeeis und Landeis), die Landflächen sowie die marine und terrestrische Biosphäre. Wenn man dem Menschen eine herausgehobene Stellung zuweisen möchte, spricht man auch von einer Anthroposphäre. Die verschiedenen Komponenten des Klimasystems sind über den Austausch von Energie, Impuls und Masse miteinander verbunden und stehen auf vielfältige Art und Weise in Wechselwirkung.

Die einzelnen Komponenten ändern sich auf sehr unterschiedlichen Zeitskalen und haben ein unterschiedlich langes Gedächtnis. So ist beispielsweise die Atmosphäre ein Speicher mit geringem Energiegehalt und kurzem Gedächtnis in der Größenordnung von Tagen bis wenigen Wochen, was eine Wettervorhersage über längere Zeiträume schwierig macht. Die großen Eisschilde hingegen, die die Antarktis und Grönland bedecken, haben ein langes Gedächtnis, das in der Größenordnung von mehreren 1000 bis 10 000 Jahren liegt. Die charakteristischen Austauschzeiten von tiefem Ozeanwasser liegen in der Größenordnung von bis zu 1000 Jahren. Interaktionen und nicht lineare Rückkopplungen zwischen diesen Komponenten führen dazu, dass das Klimasystem natürlichen Schwankungen unterworfen ist. Diese Schwankungen sind chaotisch und daher nicht über längere Zeiträume vorhersagbar (interne Variabilität).

Klimaschwankungen beobachtet man auf einer Vielfalt von Zeitskalen, von Monaten bis hin zu Jahrmillionen. Neben der internen Variabilität finden sich auch Klimaschwankungen oder Klimaänderungen, die von externen Mechanismen angeregt werden. Solche Mechanismen können Änderungen der Solarstrahlung sein, Änderungen der Orbitalparameter, starke Vulkanausbrüche oder vom Menschen verursachte Eingriffe.

Die Modellbildung des Klimasystems beginnt mit dem Aufstellen eines Gleichungssystems, das die Bewegung von Luft in der Atmosphäre oder Wasser in

---

4   Zitiert nach Horst Bredekamp: *Die Fenster der Monade. Gottfried Wilhelm Leibniz' Theater der Natur und Kunst,* Berlin 2004, S. 85.

den Ozeanen beschreibt. Die Objekte der Erfahrung, Luft- oder Wasser, werden dabei durch idealisierte Objekte, in diesem Fall durch Massenpunkte, denen keine räumliche Ausdehnung zukommt, ersetzt. Damit erhält man ein System partieller Differentialgleichungen, das analytisch nicht gelöst werden kann. Zur Lösung dieses Gleichungssystems zum Zwecke der Wettervorhersage schlug der ungarisch-amerikanische Mathematiker John von Neumann 1945 vor, analytische Methoden durch numerische zu ersetzen. Um diese Gleichungen zu lösen, musste außerdem das Untersuchungsgebiet in Gitterboxen unterteilt werden, und Differentiale wurden als Differenzen zwischen Gitterboxmittelwerten dargestellt *(finite differences).* Die so erhaltenen Ergebnisse sind Näherungen der exakten Lösungen. Wir müssen uns aber darüber im Klaren sein, dass numerische Klimamodelle die Phänomene unserer Erfahrungswelt nicht so widerspiegeln, wie wir sie mit unseren Sinnen beobachten, sondern so, wie wir sie mit Messinstrumenten beobachten (Felder von Druck, Temperatur etc.).

Viele wichtige Prozesse im Klimasystem wie beispielsweise Gewitterwolken haben eine weit kleinere räumliche Ausdehnung als die der Gitterboxen.[5] Da diese Prozesse die großräumigen Zustandsgrößen beeinflussen, müssen sie aber auch berücksichtigt werden. Die Methode, nach welcher der Einfluss kleinräumiger von dem Modell räumlich und zeitlich nicht aufgelöster Prozesse berücksichtigt wird, nennt man Parametrisierung.

In den ersten simulierten «trockenen» Klimamodellen, die noch keinen Wasserkreislauf kannten, waren Wolken noch stabile Gebilde, die als fest und unveränderlich vorgegeben waren. Mit dem Übergang von diesen «trockenen» zu «feuchten» Atmosphärenmodellen begann man, die Eigenschaften von Wolken zu simulieren. Nun transportierte man auch Wasserdampf, ließ ihn kondensieren und wieder ausregnen. Auf diese Weise entstand ein realistischeres Szenario wechselnder Bewölkungszustände.

Vergegenwärtigen wir uns an einem Beispiel, warum diese kleinskaligen Prozesse wichtig sind: Wolken reflektieren Sonnenstrahlung, wirken also abkühlend. Sie absorbieren aber auch Wärmestrahlung, wirken also wie ein Treibhausgas und damit erwärmend. Beide Effekte zusammen resultieren indessen in einer Abkühlung. Es ist nun die Frage, inwieweit die Wolken, seien es nun Wasser- oder Eiswolken[6], die Erwärmung durch Treibhausgase verstärken oder dämpfen. Auf

---

5 Gegenwärtige Modelle der Atmosphäre haben z.B. eine horizontale Auflösung von 100–200 Kilometern.
6 Wasserwolken bestehen aus Wolkentröpfchen, Eiswolken aus Eiskristallen.

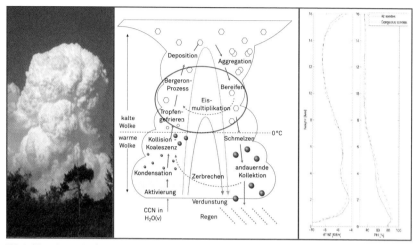

Abb. 1: a) Cumulus-Wolke, b) wolkenphysikalische Prozesse, c) vertikale Profile von Zustandsgrößen.

diese Frage geben verschiedene Simulationsmodelle unterschiedliche Antworten. Da Wolken also eine wichtige Rolle im Klimasystem spielen, ist man bemüht, zunehmend auch sehr kleinskalige Prozesse bis hin zum Wolkentropfen und Eiskristall zu simulieren. Aber auch diese komplexere Modellwolke hat noch keine Ähnlichkeit mit der Wolke, die wir wahrnehmen und beobachten.

Die Gegenüberstellung einer Gewitterwolke, wie wir sie wahrnehmen, mit den Prozessen, die das Modell berechnet, sowie den Ergebnissen dieser Berechnungen, veranschaulicht das Problem [Abb. 1]. Das gezeigte Modell berechnet Näherungswerte, um das komplexe System der Gewitterwolke zu erfassen: den Fluss von Wärme und Wasserdampf in den Auf- und Abwinden, die Kondensation und Verdunstung, die Bildung von Wolkentropfen und Eiskristallen, das Schmelzen und Gefrieren, den Regen und Schnee. So werden im Klimamodell des Max-Planck-Instituts für Meteorologie in Hamburg alleine zur Beschreibung der Änderungen von Wolkeneis bis zu elf verschiedene Prozesse parametrisiert. Die diagrammatische Abstraktion zeigt als Ergebnis dieser Parametrisierung, welche Änderungen die Wolkenprozesse auf die vertikale Verteilung großräumiger Zustandsgrößen wie Druck, Temperatur und Feuchte ausgeübt haben: Nachdem die «Gewitterwolke» ihre Aufgabe erfüllt hat, nämlich die Änderungen der Strahlungsflüsse, der großräumigen Zustandsgrößen sowie den Niederschlag zu berechnen, verschwindet sie im Modellraum und überlebt keinen weiteren Zeitschritt.

Da bei der Parametrisierung nicht nur Daten, sondern auch Beobachtungen Eingang finden, vermischen sich im Klimamodell theoretische Überlegungen mit empirischer Erfahrung. Zusammenfassend lässt sich sagen, dass simulierte Klimamodelle komplexe mathematische Konstrukte sind, die in sich theoretisches und empirisches Wissen vereinen. Gleichzeitig ist der diesen Simulationsmodellen zugrunde liegende Computercode einem ständigem Wachstum und einer Weiterentwicklung unterworfen. Gabriele Gramelsberger schließt daraus: «Die Zerlegung von Fakten in Daten und die Erzeugung von Fakten aus Daten […] generiert eine Schicht binärer Codes zwischen Beobachter und beobachtbarer Umwelt, die nicht nur anwächst, sondern in immer vielfältigerer Weise geschichtet und rückgekoppelt ist.»[7] Aus diesem Computercode wird mittels

7   Gabriele Gramelsberger: «Schrift in Bewegung. Eine semiotische Analyse der digitalen Schrift», Publikationsbeitrag zum Workshop «Bild-Schrift-Zahl» am Helmholtz Zentrum für Kulturtechnik, Humboldt Universität Berlin, 16.–17.11.2001.

eines sogenannten Compilers[8], der einen maschinenspezifischen «Assembler-code» generiert, das heißt ein Code, der Speicherzuweisungen durchführt und Rechenbefehle an die Prozessoren erteilt. Indem auf diese Weise die komplexen Vorgänge des Klimas durch Codesequenzen repräsentiert werden können, die lediglich auf den beiden Zahlen 0 und 1 basieren, ist an diesem Punkt der Grad höchster Abstraktion erreicht.

Vom Einfachen zum Komplexen

Als Ergebnis derartiger computerbasierter Simulationen, wie sie beispielsweise für die Berichte des Intergovernmental Panel on Climate Change (IPCC) durchgeführt werden, erhält man riesige Datenmengen, in der Größenordnung von Giga- bis Terabyte.[9] Doch wie entsteht aus diesen Bits und Bytes Wissen über das Klimasystem? Man kann zum Beispiel wie in dem berühmten Roman von Douglas Adams, *Per Anhalter durch die Galaxis*[10], in dem der Supercomputer auf die Frage nach dem Sinn des Lebens die Zahl 42 ausgibt, diese Datenmenge auf eine Zahl kondensieren, wie die berechnete globale Mitteltemperatur für das Jahr 2100. Möchte man jedoch verstehen, wie dieses Klimasystem wirklich funktioniert, ist es notwendig, die jeweiligen Zustandsgrößen in ihrer raum-zeitlichen Entwicklung eingehender zu studieren. Das bevorzugte Instrument, das uns in die Lage versetzt, diese abstrakte Datenmenge erfahrbar zu machen, ist die Computervisualisierung.

Hier kommt die sinnliche Wahrnehmung wieder zu ihrem Recht, da durch die bildliche Darstellung alles Wissenswerte «desto geschwinder und anmutiger und gleichsam spielend und wie in einem Blick, ohne Umschweife der Worte, durch das Sehorgan dem Gemüt vorgebildet und kräftiger eingedrückt werden könne.»[11] Visualisierungen von Simulationsergebnissen liefern aber keine Bilder im herkömmlichen Sinne, und die Darstellungen haben keine Ähnlichkeit mit uns vertrauten Bildern der Natur. Eine Wolke ist keine Wolke, sondern hat die Form einer Gitterbox, ist also annähernd ein Quader. Bilder von Simulationen sind ikonisch umgesetzte Numerik, die nur im Rahmen wissenschaftlicher Theo-

---

8   Einen Compiler nennt man eine Software, welche die Programmiersprache in Maschinensprache übersetzt.
9   Zur Erklärung: Giga = 10^9, Tera = 10^{12}, 1 byte=8 bit; 1 bit hat den Wert 0 oder 1.
10 Douglas Adams: *Per Anhalter durch die Galaxis,* München 1998.
11 Zitiert nach Horst Bredekamp, wie Anm. 3, S. 165.

rien interpretiert werden können.[12] Sie geben ausschließlich Zustandsgrößen wieder, die gemessen werden, und bieten zusätzlich die Möglichkeit, strukturelle Zusammenhänge visuell darzustellen.

Numerische Simulation bietet zusammen mit moderner Visualisierungssoftware die Möglichkeit, unanschauliche Gleichungssysteme und abstrakte Manipulationen mit mathematischen Symbolen sinnlich wahrnehmbar zu machen, und sie schafft damit die Möglichkeit, Zustandsgrößen in ihrer raumzeitlichen Entwicklung zu erfassen und Zusammenhänge zu verstehen.

Systemverständnis durch numerische Simulation

Während Messungen die Zustandsgrößen nicht in ihrer vollen raum-zeitlichen Ausdehnung erfassen können, bieten computerbasierte Simulationen mit numerischen Klimamodellen die Möglichkeit, jede Zustandsgröße zu jeder beliebigen Zeit und an jedem Ort der Modelldomäne darzustellen. Der Datenraum als Cyberspace erlaubt es, darin zu navigieren und in einer in sich physikalisch konsistenten virtuellen Welt Erfahrungen zu machen. Numerische Klimamodelle sind die *virtuellen Labore der Geowissenschaften.* Das schlägt sich auch im wissenschaftlichen Sprachgebrauch nieder: So wird meist von Experimenten und nicht von Simulationen gesprochen. Dementsprechend bezeichnet man numerische Simulationen auch als «In-silico-Experimente». Wir führen Experimente durch, indem wir die Randbedingungen ändern, so können wir zum Beispiel die atmosphärische Konzentration von Kohlendioxid erhöhen oder die Einstrahlung variieren. Diese Experimente geben Einblicke in die Sensitivität des Klimasystems, zeigen die Rückkopplungen auf und münden in einem Systemverständnis, das aus Messungen nicht gewonnen werden kann.

Ein besseres Systemverständnis ist essenziell, möchte man Klimaänderungen und ihre Ursachen im Detail verstehen. Gäbe es beispielsweise nur den reinen Treibhauseffekt, in anderen Worten, würde sich bei einer Zunahme der Treibhausgase nur die langwellige Strahlungsbilanz ändern, könnte man mit großer Genauigkeit die daraus resultierende Temperaturänderung berechnen. Die Erwärmung bei Verdoppelung des Kohlendioxidgehalts würde etwas mehr als ein Grad betragen. Modellabschätzungen zeigen aber eine Erwärmung im Bereich zwischen 2 und 4,5 Grad. Grund dafür ist, dass eine Reihe von Rückkopp-

---

12 Vgl. Gabriele Gramelsberger, wie Anm. 6.

lungen im Klimasystem induziert werden, die die Erwärmung verstärken oder dämpfen können. So kann eine wärmere Atmosphäre mehr Wasserdampf aufnehmen und verstärkt, da Wasserdampf ein Treibhausgas ist, die Erwärmung. Erwärmt sich der Boden, wird mehr organische Substanz durch Mikrolebewesen abgebaut. Dabei wird Kohlendioxid freigesetzt und der Treibhauseffekt verstärkt. Auf der anderen Seite übt Kohlendioxid einen Düngeeffekt auf Pflanzen aus. Vermehrtes Wachstum führt zu vermehrter Aufnahme von Kohlendioxid und damit zu einer Abnahme in der Atmosphäre. In einem wärmeren Klima nehmen die Bedeckung mit Schnee und Eis sowie die Meereisbedeckung ab. Eis und Schnee reflektieren aber sehr effizient die Sonnenstrahlung, eine Abnahme verstärkt also die Erwärmung in höheren Breiten.

Da alle Prozesse direkt oder indirekt miteinander verknüpft sind, gibt es weit mehr als die hier erwähnten Rückkopplungen: Es handelt sich also um ein hochgradig komplexes System. Der Grad an Komplexität dieser virtuellen Welt ist so groß, dass das volle Potenzial der Möglichkeiten eines Klimamodels nicht annähernd ausgeschöpft und exploriert werden kann. Dies gilt umso mehr, als Klimamodelle dynamische Gebilde sind, die einer kontinuierlichen Weiterentwicklung unterliegen.

Fiktion und Wirklichkeit

Wenn wir vom Komplexen zum Einfachen und dann wieder zum Komplexen gehen, stellt sich die Frage, was sich dabei geändert hat. Treffen wir auf dieselbe komplexe Welt, von der wir zu Beginn ausgegangen sind?

Wie wir gesehen haben, tragen Computermodelle nur dann zur Erkenntnis bei, wenn sie Aspekte der Wirklichkeit reproduzieren können. Die Evaluation von Computermodellen hat daher zwei Ziele: diese Aspekte zu identifizieren und zu verdeutlichen, inwieweit dieselben geeignet sind, das Systemverhalten adäquat wiederzugeben, und wie nahe sie der beobachteten Wirklichkeit kommen. Um das Systemverhalten von Klimamodellen zu testen, versucht man die Vergangenheit zu rekonstruieren *(hindcast)*. So geben Modellrechnungen, in denen man die Änderungen der Sonneneinstrahlung aufgrund von Schwankungen der Erdbahnparameter (Milankovitch-Zyklen) vorschreibt, recht gut den Ablauf der Eiszeiten wieder und sind auch imstande, Ort und Zeit der Vereisungen zu reproduzieren.

Während die im Computer geschaffene virtuelle Welt potenziell in all ihren Aspekten und Zusammenhängen erforscht und verstanden werden kann, ist das bei der von uns mittels Beobachtung und Messung wahrgenommenen Wirklichkeit nicht der Fall. Messungen des Zustandes des Ozeans oder der Atmosphäre können nicht flächendeckend und kontinuierlich durchgeführt werden. Man verwendet daher Modelle, um verschiedene Messdaten in Zeit und Raum zu extrapolieren und damit Felder zu generieren, die mit Modellresultaten verglichen werden können (Datenassimilation). Außerdem messen die meisten modernen Methoden elektromagnetische Wellen (wie Fernerkundungen vom Boden oder von Satelliten aus). Um daraus die gewünschten Zustandsgrößen zu gewinnen, benötigt man Modelle. Wir verfügen also flächendeckend nur über indirekt gewonnene Daten, welche mittels Datenmodellen generiert werden.

Zusammenfassend lässt sich sagen, dass man sich in der Meteorologie der Wirklichkeit von zwei Seiten nähert: mit Klimamodellen einerseits und mit Datenmodellen andererseits. Eine Validierung von Klimamodellen oder eine Falsifizierung im Popper'schen Sinne[13] ist daher nicht möglich. Es lassen sich jedoch Aussagen treffen, inwieweit Modelle für einen bestimmten Zweck nützlich sind.[14] Die Überprüfung von Modellergebnissen stellt einen wichtigen Teil der Modellentwicklung dar und ist mittlerweile weitgehend standardisiert.[15]

Obwohl die modellhafte Beschreibung der Natur wenig mit unserer sinnlichen Erfahrung gemein hat, konstruieren numerische Klimamodelle Aspekte der Wirklichkeit und gewinnen komplexes Verhalten aus der großen Zahl von Verknüpfungen und Rückkopplungen zwischen den Komponenten des Klimasystems. Trotz der einfachen Beschreibung der einzelnen Prozesse sind sie imstande, vergangenes und zukünftiges Systemverhalten zu rekonstruieren oder auch vorherzusagen.

---

13 Der österreichische Wissenschaftsphilosoph Karl R. Popper entwickelte den Gedanken, dass wissenschaftliche Theorien nie verifiziert, d.h. auf Wahrheit überprüft werden können, da man die Theorie nie unter allen denkbaren Aspekten und Möglichkeiten testen könne. Findet man aber einen einzigen Fall, in dem die Theorie nicht stimmt, ist sie widerlegt, d.h. falsifiziert. Vgl. dazu Karl Popper: *Logik der Forschung,* Wien 1935. Neu herausgegeben von Herbert Keuth: Karl R. Popper: *Gesammelte Werke,* Bd. 3, *Logik der Forschung,* Tübingen 2005.
14 Siehe Diskussionsbeiträge auf RealClimate von Gavin Schmidt, http://www.realclimate.org/
15 Mehr unter http://www-pcmdi.llnl.gov/projects/model_intercomparison.php.
*   Frau Dr. Gabriele Gramelsberger vom Institut für Philosophie der Freien Universität Berlin sei herzlich gedankt für Korrekturen und Anregungen.

Clemens Bellut

«ACH, LUISE, LASS ... DAS IST EIN *ZU* WEITES FELD» ODER DER GORDISCHE KNOTEN DER KOMPLEXITÄT

In seiner unscheinbaren Ironie legt Theodor Fontane die abgewandelte Wiederholungsformel «das ist ein zu weites Feld» Effi Briests Vater in den Mund, wenn Briest von seiner Frau Luise in unauslotbare Lebensfragen hineingezogen wird[1]: gewissermaßen die einzige erschöpfende Antwort auf die Frage nach der Komplexität. Sie antizipiert das Scheitern des Räsonnements über das Komplexe. Die selbstschützende Resignation schiebt der Aussichtslosigkeit des Räsonierens einen abschließenden und unduldsamen Riegel vor: «Das ist ein zu weites Feld» – unübersichtlich und aussichtslos anstrengend.

Dieserart gehören die Klagen über die ‹Komplexität der Verhältnisse›, die den Horizont des Vorstellbaren, Denkbaren oder Beherrschbaren überschreiten, zu den *tópoi* ‹der Moderne›: die Klage über die Komplexität der modernen Gesellschaft, über die Komplexität der modernen Technik, über die Komplexität des Urbanen, über die Komplexität des Psychischen und des Sozialen – und natürlich über die Komplexität der modernen Welt überhaupt. Die «neue Unübersichtlichkeit»[2] ist freilich schon ziemlich lange neu, so lange offensichtlich, wie ‹die Moderne› sich selbst modern vorkommt – und das ist ja spätestens seit dem 16. Jahrhundert so. Wie ‹Fortschritt›, ‹Reflexivität› oder ‹Kritik›, gehört auch der Begriff der Komplexität zum konstitutiven Kern des Bewusstseins, das die Moderne – in Glanz und Elend – von sich selbst hat. Das Elend der «Unübersichtlichkeit» und Undurchdringlichkeit trägt auf der Kehrseite das Antlitz und den stolzen Glanz des fortgeschrittenen Entwicklungsstands: Komplexität ist ja zugleich auch eine Auszeichnung von gesellschaftlichen, biologischen und technische Bildungsstufen, die, in dieser Bewertungsopposition, dem Stand des Primitiven entwachsen sind. Das hat zuletzt auch seine kuriosen Folgeerscheinungen: Neuere Management-Theorien tun ganz gespreizt mit der Einsicht, dass gewisse Prozesse nicht mehr nach linearen und mechanischen Vorstellungen zu steuern sind, dass sie vielmehr ‹hochentwickelte› Kompetenzen der Komplexi-

---

1 Theodor Fontane : *Effi Briest* (1894 f.), *Romane und Erzählungen,* Bd. 7, Darmstadt 1970ff., S. 310.
2 Vgl. den gleichlautenden Buchtitel: Jürgen Habermas: *Die neue Unübersichtlichkeit,* Frankfurt am Main 1985.

tätsbeherrschung fordern.[3] Und biologische Komplexitätsbildungen wie die der Netzhaut des Auges müssen inzwischen gegen die Evolutionstheorie dreist als Beleg herhalten, dass die Welt zu ihrer Ermöglichung ein *intelligent design* voraussetzt. Komplexität ist, vor aller Tauglichkeit zur Beschreibung und Kategorisierung einer Klasse von Phänomenen und ihrer Strukturen, ein programmatischer Begriff der Moderne, an dem sie selbst die Höhe ihres Bewusstseinsstands misst. Dieses Bewusstsein – gegenüber dem Primitiven, Einfachen und Linearen – findet sich im Stand, Komplexität denken zu können.

In die Vorgeschichte des Komplexitätsbegriffs gehört die frühaufklärerische «Querelle des Anciens et des Modernes»[4] – eine dichtungstheoretische Debatte, die vor allem in Frankreich und Deutschland während des 17. und 18. Jahrhunderts geführt wurde. Dabei ging es um den Vorrang der antiken oder der modernen Dichtung. Der zentrale Bezugspunkt war die Einfachheit, Geschlossenheit und Verbindlichkeit der antiken Dichtung, wie sie in der aristotelischen Lehre von den drei Einheiten im Drama zu finden ist: die Einheiten des Ortes, der Zeit und der Handlung. Die neuere Dichtung hatte sich denkbar weit davon entfernt. Und die Frage war, ob darin ein zu korrigierender Fehler oder der eigene Vorzug gegenüber dem antiken Vorbild zu sehen sei.

Auf paradigmatische Weise hat sich das in dem berühmten Briefwechsel zwischen Goethe und Schiller ausgesprochen und zum Entscheid einer unvergleichbaren Gleichrangigkeit durchgerungen.[5] Ein guter Teil dieses Briefwechsels begleitete die beiden während der Arbeit an Goethes Roman *Wilhelm Meister* und an Schillers Drama *Wallenstein.* Dabei berichtet Schiller davon, wie er, von einem dramatischen Zentrum seines Vorhabens herkommend, sich immer wieder genötigt sieht, unentbehrliche Voraussetzungen zu schaffen und aufwendig einzuführen – mit der Folge, dass sich am Ende, ähnlich wie später in Richard Wagners *Ring des Nibelungen,* das komplexe Gebilde einer beziehungsreichen dramatischen Trilogie daraus entwickelt hat, die das Dramatische des Dramas überhaupt erst zur Auswirkung bringen kann. Goethe und Schiller haben dies als

---

3   In den letzten Jahren ein Thema einschlägiger Magazine: Schwerpunkt-Thema «Kampf gegen Komplexität», in: *Harvard Business Manager,* Dezember 2007; Schwerpunkt-Thema «Komplexität» («Mach's dir nicht zu einfach»), in: *brand eins,* 1, 2006.
4   Hans Robert Jauß: «Antiqui/moderni» (Querelle des Anciens et des Modernes), in: *Historisches Wörterbuch der Philosophie,* hrsg. von Joachim Ritter, Bd. I, Darmstadt 1971, S. 410–414.
5   Vgl. dazu in der Gegensatzbildung ganz analog auch Schillers Aufsatz «Über naive und sentimentalische Dichtung», in: *Werke in drei Bänden,* Bd. II, München 1966.

Eigengesetzlichkeit der modernen Dichtung aufgefasst, die sich, anders als das vorausgesetzte mythische Bewusstsein der Griechen, nicht auf die miteinander geteilte Gegenwärtigkeit der mythischen Erzählungen und Gestalten berufen kann. Sie muss deswegen immer erst einführen und motivieren, was den dichterischen Stoff beispielsweise zu einem dramatischen Konflikt verdichten können soll.

Reflexivität, Offenheit, Unendlichkeit – die Gegenbegriffe von Unmittelbarkeit, Geschlossenheit und endlicher Gestalthaftigkeit – kulminieren im Begriff der Komplexität. Komplex erscheint etwas allerdings nur unter einer Erwartungsvoraussetzung, die von einer ganz anderen, gegensätzlichen Denkstruktur ausgeht: der Voraussetzung, die sich von den Strukturen der Verstandeslogik und der linearen und mechanischen Welterklärungen her versteht. Das zeigt sich auf erhellende Weise am Oppositionsbegriff des Einfachen. Nach cartesianischen Begriffen ist das Einfache in sich klar und von anderem deutlich unterschieden: «clara et distincta».[6] Und alles noch so Undurchsichtige wird als Zusammensetzung aus solchem Einfachen gedacht. Aber danach würde es höchstens etwas Kompliziertes, durchaus nichts Komplexes geben können. So erscheint dann dasjenige komplex, was nicht unter dieser Voraussetzung gedacht werden kann und vor dem die Verstandesbegriffe sich selbst in unentwirrbare Widersprüche verstricken. Eine Eselsbrücke lässt sich vom Wortverstand her nehmen: Lateinisch *complicare* heißt «zusammenfalten» – das Komplizierte kann man durch Entfaltung begreiflich machen, weil es das Einfache im Sinne des Einfältigen hervorkehrt. Lateinisch *complexus* aber bedeutet die «Umarmung», sozusagen das Verschlungene, Eingewickelte – hier schließt Einfachheit im Kern alle Komplexität bereits in sich, die durch seine Entwicklung nur zur Erscheinung gebracht wird. So lässt sich das Komplizierte wohl im Zweifel mit Gewinn reduzieren und vereinfachen – aber das Komplexe lässt sich demgegenüber nicht, jedenfalls nicht ungestraft, vereinfachen. Zu sagen, etwas sei kompliziert, heißt: Die endliche Zahl seiner Bestimmungen ist nicht ohne Weiteres zu überblicken. Zu sagen, etwas sei komplex, heißt hingegen: Die Zahl seiner Bestimmungen ist schlechthin unendlich.

---

6 Vgl. René Descartes: «Meditation IV», in: Ders.: *Meditationes de prima philosophia,* lateinisch-deutsch, hrsg. von Lüder Gäbe, Hamburg 1992.

Der klassische Fall hierzu lässt sich an den Konstruktionen der traditionellen mechanischen Physik ablesen: Sie sind in dem Sinne einfacher Natur, als sie von allem absehen und abstrahieren, was der klaren, einfachen und allgemeingültigen Gesetzmäßigkeit zuwiderlaufen könnte. Alles andere, alle sonst auftretenden Einflussfaktoren, werden als vernachlässigbare Größen sozusagen aussortiert. Der Preis ist, dass die Verlässlichkeit der identifizierten Gesetzmäßigkeit an genau diese Bedingung gebunden ist: Die mechanischen Bewegungsgesetze sind unter Bedingungen des Zwei-Körper-Modells analysiert worden und gelten genau so lange, wie auch nicht ein einziger weiterer Körper das Bewegungsbild verändert. Dann können komplexe Bewegungsabläufe auftreten, die demgegenüber chaotisch erscheinen und auf keinem Weg als Zusammensetzung aus mehreren einfachen Zwei-Körper-Modellen zu denken sind. Einfach gesagt, ist das Einfache durchaus nicht immer einfach.

Analog zur klassischen mechanischen Physik hat sich in den europäischen Theorien vom Gesellschaftsvertrag seit dem 17. Jahrhundert die gleiche Denkoperation ausgebildet.[7] Die Gesellschafts-, Staats- und Rechtsbegründungen gehen dort von der Konstruktion aus, dass menschliche Gemeinschaft als Vergesellschaftung vereinzelt gedachter Individuen zu denken und zu regeln ist. Und wieder sind alle Folgerungen aus dieser Reduktion aufs Einfache – das Individuum – gebunden an die Voraussetzung seiner Konstruktion: dass nämlich jede Gemeinschaft der Menschen gegenüber ihrer Natur als Einzelwesen ein erklärungsbedürftiges und begründungsfähiges Sekundärphänomen wäre. In einer Vorstellungswelt, die nach Konzepten der Verstandeslogik und der mechanischen Zusammensetzung einfacher Elemente konstruiert ist, gerät man auf das Komplexe allenfalls als irritierendes Randphänomen – wenn eben ‹Komplikationen› auftreten. Unter Kontextbedingungen erscheinen umgekehrt Verhältnisse der logischen Konstruierbarkeiten als Ausnahmefall.

Der Abstraktionsgestus, zwischen vernachlässigbaren Einflussfaktoren und methodisch isolierten Untersuchungskategorien zu unterscheiden, zielt auf Klarheit und Deutlichkeit («clara et distincta»), auf die Transparenz des zusammengesetzt Einfachen, auf Verständlichkeit, Erklärbarkeit und Konstruierbarkeit. Nicht nur in analytischer, sondern auch in gestalterischer Absicht. Dafür

7   Vgl. dazu Tzvetan Todorov: *Abenteuer des Zusammenlebens. Versuch einer allgemeinen Anthropologie*, Frankfurt am Main 1996.

gibt die gestalterische Praxis der Nachkriegs-Moderne das paradoxe Beispiel: Die hat sich unter die programmatischen Formeln «less ist more» und «form follows function» gestellt und hat mit geradezu grandioser Entschiedenheit von Kontextbeziehungen abstrahiert – darin der klassischen mechanischen Physik im Methodischen und im Gestus ganz und gar ähnlich und geistesverwandt.

Sokrates und Phaidros evozieren im Dialog *Eupalinos*[8] von Paul Valéry die Gegenfigur: Eupalinos ist nach ihrer Einschätzung ein Architekt, eine Art Verkörperung des Vitruvschen Ideals vom *uomo universale*. Eupalinos versammelt auf vollkommene Weise das Kontextwissen für die jeweilige architektonische Ausführung; indem er darum ringt, die «Form [zu] suchen mit Liebe, [s]ich bemühend, einen Gegenstand hervorzubringen, der den Blick erfreue und sich mit dem Geiste unterhalte, der in Einklang sei mit der Vernunft und mit den zahlreichen Bedingungen, die üblich sind»[9]. Demgegenüber treten die architektonischen, gestalterischen und künstlerischen Avantgarden des 20. Jahrhunderts auf wie Alexander der Große vor dem Gordischen Knoten – was sie ja überhaupt erst zu Avantgarden macht: Sie zerschlagen in heroischer Geste die Komplexität des in sich verschlungenen Kontext-Knotens mit dem Schwertstreich der unbedingten Neusetzung.

In dem unerschöpflichen Aufsatz «Über das Marionettentheater»[10] hat Heinrich von Kleist gezeigt, wie die verborgene Komplexität einer von Fäden kunstfertig gezogenen Gliederpuppe die vollkommene Grazie einer Bewegung zur Erscheinung bringen kann, die auf keine Weise durch die gesteuerte Bewegung aller Einzelglieder reproduziert werden kann. Die Kombination der einzelnen Gliederbewegungen läuft auf eine komplizierte Unbeholfenheit hinaus. Der Versuch, den komplexen Bewegungsablauf auf eine Zusammensetzung einfacher Bewegungselemente zurückzuführen, macht aus dem komplex Einfachen etwas unendlich Kompliziertes. Der banalere Fall davon ist der gute Witz, an dem jeder Versuch scheitern und lächerlich werden muss, seine innerlich unauflösliche Komplexität durch räsonierendes Erklären auflösen zu wollen.

So kann etwas Komplexes zugleich den Anschein des Einfachen haben, wohingegen das Komplizierte immer alles Einfache von sich ausschließt. Und etwas Einfaches lässt sich wohl kompliziert machen, das Komplexe hingegen

8   Paul Valéry: *Eupalinos oder Der Architekt* (1923), Frankfurt am Main 1995.

9   Ebenda, S. 63.

10 Heinrich von Kleist: *Sämtliche Werke und Briefe,* Bd. 2, hrsg. von Helmut Sembdner, München 1987.

lässt sich nicht aus dem Einfachen zusammensetzen. Das Komplizierte ist gegenüber dem Komplexen eine vergleichsweise einfache Angelegenheit, von der sonst nicht viel Aufhebens zu machen wäre.

Im Dienst der politischen Propaganda wird jedoch oft ein Sachverhalt als komplex ausgegeben, um Position und Entschiedenheit entweder zu vermeiden oder zu verschleiern. Umgekehrt propagiert der politische Populismus die Reduktion komplexer Sachverhalte auf einfache Fraglosigkeiten, die das sonst «zu weite Feld» übersichtlich abstecken und die Anstrengung des Abwägens und der Widersprüche ersparen. Die Propagandisten der Komplexität betreiben die Selbstideologisierung der Moderne – die Populisten das Geschäft des Anti-Modernismus. Das Fragile des Modernitäts-Stolzes, der sich im Komplexitätsbegriff gerne selbst anschaut, zeigt sich immer dann, wenn er mit dem Vorwurf der Dekadenz, der Affektentfremdung und Schwächlichkeit konfrontiert wird. So treten die westlich-islamischen Konflikte und ihre propagandistische Vorbereitung oft auf, indem die Vorwürfe vom Westen, statt als Selbstbestätigung, vielmehr beleidigt und selbstzweiflerisch aufgenommen – und faktisch bis zur Selbstbeschädigung eigener Verfassungsinstitutionen getrieben werden.

Mit dem stolzen Komplexitätsbewusstsein verhält es sich in mancherlei Hinsicht wie mit dem Erhabenen in Kants «Kritik der Urteilkraft»[11]: Das über alles Menschenmaß Hinausgehende, vor dem das Menschenmaß vernichtend klein erscheint, erhebt denjenigen, der sich ihm aussetzt, zum Bewusstsein einer Größe und Unendlichkeit, die alle Verstandesbegriffe übersteigt. Und so befindet sich das Komplexitätsbewusstsein dort, wo die Verstandesbegriffe in unauflösliche Widersprüche verstrickt werden, in dem Stolz, Ordnungen des Komplexen denken zu können, die nicht aus der Zusammensetzung eines Einfachen begreiflich sind. Nicht von ungefähr gehört der Begriff *complexus* in die alten Lehren von den Temperamenten und Körpersäften *(humores)* und der Alchemie: der Begriff von einem Ganzen, dessen Struktur aber nicht nach der äußerlichen Zusammensetzung einfacher Elemente zu denken ist. Komplexität ist zuletzt die paradoxe Anstrengung, etwas zu denken, was nicht zu verstehen ist. Um diese Anstrengung zu vermeiden, geht es mit dem Schwertstreich der Reduktion und Vereinfachung gegen den gordischen Knoten der Komplexität – oder die resignative Klage wird laut: «Ach, Luise, laß ... das ist ein *zu* weites Feld.» Komplexität ist ein Bemühen,

---

11 Immanuel Kant: *Kritik der Urteilkraft,* 1790.

das Denken gewissermaßen wirklichkeitshaltiger zu machen, um die Reduktionen und Vereinfachungen durch die Verstandesbegriffe zu überwinden. Aber es sind erst diese Verstandesbegriffe selbst und ihr Räsonieren, die im Moment ihres Scheiterns und ihrer ausweglosen Verstrickung von Komplexität reden lassen. In ähnlichen Fällen hat man sich in den 70er Jahren des 20. Jahrhunderts gerne schon mit dem Attribut «dialektisch» geschmückt: Gegenüber «monokausalen» – wie es dann hieß – und linearen Erklärungsbemühungen hat, wer nur schon bis drei zählen konnte, gerne gesagt: «Das musst du dialektisch sehen.» Beides strebt an der Einsicht vorbei, die Paul Valéry seinem Sokrates im *Eupalinos*-Dialog in den Mund legt: «Man hat die Wahl, ein Mensch zu sein oder ein Geist. Der Mensch kann nur handeln, weil er imstande ist, nicht zu wissen, und sich befriedigen kann mit einem Teil des Wissens, das seine kuriose Eigentümlichkeit ausmacht, eines Wissens, das übrigens größer ist, als es sollte!»[12]

---

12 Valéry, wie Anm. 8, S. 94.

AUSGEWÄHLTE LITERATUR

Die vorliegende bibliografische Auswahl greift auf Literatur zurück, welche von den Autoren dieses Buches verwendet wurde. Darüber hinaus wurde sie mit Titeln ergänzt, die für dieses Thema relevant sind. Die Literaturangaben sind chronologisch geordnet. In der zeitlichen Einordnung wurde nach Möglichkeit das Datum der Erstausgabe bzw. Originalausgabe berücksichtigt.

—

René Descartes: *Meditationes de prima philosophia* (1641), lateinisch-deutsch, hrsg. und übersetzt von Lüder Gäbe, Hamburg 1992.

—

Friedrich Schiller: «Über naive und sentimentalische Dichtung» (1795), in: *Werke in drei Bänden,* Band II, München 1966.

—

Christian von Ehrenfels: «Über Gestaltqualitäten», in: *Vierteljahrsschrift für wissenschaftliche Philosophie,* 14, Leipzig 1890, S. 249–292.

—

Paul Valéry: *Eupalinos ou l'architecte,* Paris 1923. Deutsche Ausgabe: *Eupalinos oder Der Architekt* (deutsch von Rainer Maria Rilke), Frankfurt am Main 1995.

—

Karl R. Popper: *Zur Methodenfrage der Denkpsychologie* (unveröffentlichte Dissertation), Wien 1928.

—

Karl R. Popper: *Logik der Forschung* (1935), hrsg. von Herbert Keuth, Tübingen [11]2005.

—

Gaston Bachelard: *La Formation de l'esprit scientifique. Contribution à une psychoanalyse de la connaissance objective,* Paris 1938. Deutsche Ausgabe: *Die Bildung des wissenschaftlichen Geistes. Beitrag zu einer Psychoanalyse der objektiven Erkenntnis,* Frankfurt am Main 1978.

—

Martin Heidegger: «Die Zeit des Weltbildes» (1938), in: *Holzwege,* Gesamtausgabe Band 5, hrsg. von F.-W. von Herrmann, Frankfurt am Main 1977, S. 87–94.

—

Karl R. Popper: «What is dialectic?», in: *Mind,* Band 49, 1940; wieder abgedruckt in: Karl R. Popper: *Conjectures and Refutations,* London 1963, S. 312–335.

—

Claude E. Shannon: «A Mathematical Theory of Communication», in: *Bell System Technical Journal,* Band 27, S. 379–423 und S. 623–656, Juli und Oktober 1948.

—

Norbert Wiener: *Cybernetics. Or Communication and Control in the Animal and the Machine,* Cambridge 1948. Deutsche Ausgabe: *Kybernetik. Regelung und Nachrichtenübertragung im Lebewesen und in der Maschine,* Düsseldorf, Wien [2]1963.

—

György Kepes (Hrsg.): *New Landscape in Art and Science,* Chicago 1956.

—

Kevin Lynch: *The Image of the City,* Cambridge 1960. Deutsche Ausgabe: *Das Bild der Stadt,* Bauwelt Fundamente Band 12, Basel, Boston, Berlin 2001 (1. deutsche Ausgabe 1965).

—

Karl R. Popper: «Die Logik der Sozialwissenschaften», in: Karl R. Popper: *Auf der Suche nach einer besseren Welt. Vorträge und Aufsätze aus dreißig Jahren,* München [12]2003, S. 79–99 (Erstabdruck in: *Kölner Zeitschrift für Soziologie und Sozialpsychologie,* 14. Jhrg., Heft 2, 1962).

—

Christopher Alexander: *Notes on the Synthesis of Form,* Cambridge 1964.

—

Yona Friedman: «Die 10 Prinzipien des Raumstadtbaus», in: Ulrich Conrads (Hrsg.): *Programme und Manifeste zur Architektur des 20. Jahrhunderts,* Bauwelt Fundamente Band 1, Basel, Boston, Berlin 2001, S. 176 (1. deutsche Ausgabe 1964).

—

Max Bense: «Projekte generativer Ästhetik», in: *edition rot,* text 19, hrsg. von Max Bense und Elisabeth Walther, Stuttgart 1965.

—

Georg Nees: «Programme und Stochastische Grafik», in: *edition rot,* text 19, hrsg. von Max Bense und Elisabeth Walther, Stuttgart 1965.

—

Eduard F. Sekler: «Structure, Construction and Tectonics», in: *Structure in Art and in Science,* New York 1965, S. 89–95. Deutsche Ausgabe: «Struktur, Konstruktion und Tektonik», in: György Kepes (Hrsg.), *Struktur in Kunst und Wissenschaft,* Brüssel 1967.

—

Robert Venturi: *Iconography and Electronics upon a Generic Architecture. A View from the Drafting Room,* Cambridge/Mass. 1966.

—

Robert Venturi: *Complexity and Contradiction in Architecture,* New York 1966. Deutsche Ausgabe: *Komplexität und Widerspruch in der Architektur,* hrsg. von Heinrich Klotz, Bauwelt Fundamente Band 50, Basel, Boston, Berlin 2001 (1. deutsche Ausgabe 1978).

—

John von Neumann: *The Theory of Self-reproducing Automata,* hrsg. von Arthur Burks, Urbana 1966.

—

Karl R. Popper: «On Clouds and Clocks. An Approach to the Problem of Rationality and the Freedom of Man», Holly-Compton-Gedächtnisvorlesung, Washington 1966, abgedruckt in: Karl R. Popper: *Objective Knowledge. An Evolutionary Approach* Oxford 1972. Deutsche Ausgabe: «Über Wolken und Uhren. Zum Problem der Rationalität und der Freiheit des Menschen», in: Karl R. Popper: *Objektive Erkenntnis. Ein evolutionärer Entwurf.* Hamburg 1998.

—

György Kepes (Hrsg.): *Struktur in Kunst und Wissenschaft,* Brüssel 1967.

—

Robert Venturi, Denise Scott Brown und Steven Izenour: *Learning from Las Vegas,* New York 1972. Deutsche Ausgabe: *Lernen von Las Vegas. Zur Ikonographie und Architektursymbolik der Geschäftsstadt,* Bauwelt Fundamente Band 53, Basel, Boston, Berlin 2000 (1. deutsche Ausgabe 1979).

—

James J. Gibson: *The Ecological Approach to Visual Perception,* Boston 1979. Deutsche Ausgabe: *Wahrnehmung und Umwelt,* München 1982.

—

Rudolf Arnheim: *Die Dynamik der architektonischen Form,* Köln 1980.

—

John Searle: «Minds, Brains and Programs», in: *Behavioral and Brain Sciences,* 3, 1980, S. 417–457.

—

Kevin Lynch: *Good City Form,* Cambridge 1981.

—

Christian Norberg-Schulz: *Genius loci. Landschaft, Lebensraum, Baukunst,* Stuttgart 1982.

—

Frei Otto: *Natürliche Konstruktionen. Formen und Konstruktionen in Natur und Technik und Prozesse ihrer Entstehung,* Stuttgart 1982.

—

Valentin Braitenberg: *Vehicles. Experiments in Synthetic Psychology.* Cambridge/Mass. 1984.

—

Jürgen Habermas: *Die neue Unübersichtlichkeit,* Frankfurt am Main 1985.

—

Andrea Gleiniger: «Technologische Phantasien und urbanistische Utopien», in: *Vision der Moderne. Das Prinzip Konstruktion,* hrsg. von Heinrich Klotz unter Mitarbeit von Volker Fischer, Andrea Gleiniger-Neumann und Hans-Peter Schwarz, München 1986, S. 56–65.

—

Lucius Kroll: *An Architecture of Complexity,* Cambridge 1987.

—

Craig W. Reynolds: «Flocks, Herds, and Schools: A Distributed Behavioral Model», in: *SIGGRAPH '87: Proceedings of the 14th annual conference on Computer graphics and interactive techniques,* hrsg. von Maureen C. Stone (Association for Computing Machinery), New York 1987, S. 25–34.

—

Heinrich von Kleist: *Sämtliche Werke und Briefe,* Band 2, hrsg. von Helmut Sembdner, München 1987.

—

Klaus Mainzer: *Symmetrien der Natur,* Berlin, New York 1988.

—

Marcos Novak: «Computational Compositions», in: *ACADIA '88, Workshop Proceedings,* Ann Arbor/Michigan 1988, S. 5–30.

—

Frei Otto: *Gestaltwerdung. Zur Formentstehung in Natur, Technik und Baukunst,* Köln 1988.

—

Christopher Langton: *Artificial Life*. (Proceedings of an Interdisciplinary Workshop on the Synthesis and Simulation of Living Systems, September, 1987 in Los Alamos, New Mexico, California), Cambridge 1989.

—

William Mitchell: *Logic of Architecture*, Cambridge 1990.

—

Denise Scott Brown: *Urban Concepts. Architectural Design Profile*, 60, January–February, London 1990.

—

Peter Eisenman: «Visions Unfolding: Architecture In The Age Of Electronic Media», in: *Domus* Nr. 734 (Januar 1992), S. 20–24.

—

George Hersey, Richard Friedman: *Possible Palladian Villas. Plus a Few Instructively Impossible Ones*, Cambridge 1992.

—

John H. Holland: «Genetic Algorithms: Computer programs that ‹evolve› in ways that resemble natural selection can solve complex problems even their creators do not fully understand», in: *Scientific American*, Juli 1992, S. 66–72.

—

Wolfgang Welsch: «Übergänge», in: *Selbstorganisation. Jahrbuch für Komplexität in den Natur- Sozial- und Geisteswissenschaften*, Band 4, Berlin 1993, S. 11–17.

—

Klaus Mainzer: *Thinking in Complexity. The Computational Dynamics of Matter, Mind, and Mankind*, Berlin, Heidelberg, New York [5]2007 (Erstausgabe 1994).

—

Joachim Krause: «Die Selbstorganisation von Formen. Joachim Krause im Gespräch mit Nikolaus Kuhnert, Angelika Schnell und Gunnar Tausch», in: *Die Architektur des Komplexen. Arch+ Zeitschrift für Architektur und Städtebau*, 121, Stuttgart 1994, S. 25.

—

Mitchel Resnick: *Turtles, Termites, and Traffic Jams*, Cambridge/Mass. 1994.

—

Andrew Benjamin (Hrsg.): «Complexity in Art/Architecture», in: *Journal of Philosophy and the Visual Arts*, 1995.

—

John Frazer: *An Evolutionary Architecture*, London 1995.

—

Tzvetan Todorov: *Abenteuer des Zusammenlebens. Versuch einer allgemeinen Anthropologie*, Frankfurt am Main 1996.

—

Wiliam J. Clancey: *Situated Cognition. On Human Knowledge and Computer Representations*, Cambridge 1997.

—

Charles Jencks: *Architecture of the Jumping Universe: A Polemic: How Complexity Science is Changing Architecture and Culture*, Chichester 1997.

—

Charles Jencks: «Nonlinear Architecture. New Science = New Architecture?», in: *Architectural Design*, 129, 1997.

—

Ulf Skirke: *Technologie und Selbstorganisation: Zum Problem eines zukunftsfähigen Fortschrittsbegriffs*, Dissertation am Fachbereich Philosophie der Universität Hamburg, 1998. http://www.on-line.de/~u.skirke/tus_titel.html 12.05.2008.

—

Mark Wigley: *Constant's New Babylon, The Hyper-Architecture of Desire*, Rotterdam 1998.

—

Eric Bonabeau, Marco Dorigo, Guy Theraulaz: *Swarm Intelligence: From Natural to Artificial System, Santa Fe Institute Studies in the Sciences of Complexity*, Oxford 1999.

—

Greg Lynn: *Animate Form*, New York 1999.

—

Lily Kay: «Informationsdiskurs, Metaphern und Molekularbiologie», in: Lily Kay: *Das Buch des Lebens. Wer schrieb den genetischen Code*, S. 34–56. Originalausgabe: *Who wrote the Book of Life? A History of the Genetic Code*, Stanford 2000.

—

Beatriz Colomina: «Enclosed by Images. The Eamses Multimedia Architecture», in: *Grey Room* 02, Grey Room Inc. and Massachusetts Institute of Technology, Cambridge/Mass. 2001, S. 6–29.

—

Gabriele Gramelsberger: «Schrift in Bewegung. Eine semiotische Analyse der digitalen Schrift», Publikationsbeitrag zum Workshop Bild-Schrift-Zahl am Helmholtz Zentrum für Kulturtechnik, Humboldt Universität Berlin, 16.–17.11.2001.

—

Jesus Mosterin: «Kolmogorov Complexity», in: *Complexity and Emergence,* hrsg. von Evandro Agazzi und Luisa Montecucco, New Jersey 2002, S. 45–56.

—

Horst Bredekamp: Die Fenster der Monade, Berlin 2004.

—

Robert Venturi, Denise Scott Brown: *Architecture as Signs and Systems for a Mannerist Time,* Cambridge 2004.

—

William J. Mitchell: «Constructing Complexity», in: *Computer Aided Architectural Design Futures,* hrsg. von B. Martens und A. Brown, Wien 2005, S. 41–50.

—

Bart Lootsma: «Koolhaas, Constant und die niederländische Kultur der 60er», in: *Disco 1,* hrsg. von Arno Brandlhuber, a42.org/Akademie der Bildenden Künste, Nürnberg 2006.

—

Michael Batty: *Cities and Complexity: Understanding Cities with Cellular Automata, Agent-Based Models, and Fractals,* Cambridge 2007.

—

Klaus Mainzer: *Der kreative Zufall. Wie das Neue in die Welt kommt,* München 2007.

—

Nicoletta Setta: *Chaos and Complexity in the Arts and Architecture,* New York 2007.

—

Andrea Gleiniger: «Von Spiegeln, Wolken und Platonischen Höhlen: medienexperimentelle Raumkonzepte im 20. Jahrhundert», in: *Simulation. Präsentationstechnik und Erkenntnisinstrument.* Reihe *Kontext Architektur. Grundbegriffe zwischen Kunst, Technologie und Wissenschaft,* hrsg. von Andrea Gleiniger und Georg Vrachliotis, Basel, Boston, Berlin 2008, S. 29–49.

—

Klaus Mainzer: *Komplexität,* München 2008.

—

Sandra Mitchell: *Komplexitäten. Warum wir erst anfangen, die Welt zu verstehen,* Frankfurt am Main 2008.

—

Georg Vrachliotis: «Flussers Sprung. Simulation und technisches Denken in der Architektur», in: *Simulation. Präsentationstechnik und Erkenntnisinstrument.* Reihe *Kontext Architektur. Grundbegriffe zwischen Kunst, Technologie und Wissenschaft,* hrsg. von Andrea Gleiniger und Georg Vrachliotis, Basel, Boston, Berlin 2008, S. 63–81.

ABBILDUNGSNACHWEIS

Gleiniger

Abb. 1   Quelle: Pat Kirkham: *Charles and Ray Eames. Designers of the twentieth century,* Cambridge/Mass. 1995, S. 322.

Abb. 2   Quelle: Pat Kirkham: *Charles and Ray Eames. Designers of the twentieth century,* Cambridge/Mass. 1995, S. 327.

Abb. 4   Foto: Andrea Gleiniger.

Abb. 5   Foto: Andrea Gleiniger.

Abb. 6   Quelle: *Vision der Moderne. Das Prinzip Konstruktion,* hrsg. von Heinrich Klotz unter Mitarbeit von Volker Fischer, Andrea Gleiniger und Hans-Peter Schwarz, S. 131.

Abb. 7   Quelle: Mark Wigley: *Constant's New Babylon. The hyper-architecture of desire,* [Ausstellungskatalog Rotterdam, 1998/99] Rotterdam 1998, S. 120.

Abb. 8   Quelle: *Vision der Moderne. Das Prinzip Konstruktion,* hrsg. von Heinrich Klotz unter Mitarbeit von Volker Fischer, Andrea Gleiniger und Hans-Peter Schwarz, S. 134.

Vrachliotis

Abb. 1   Foto: Andrea Gleiniger.

Abb. 2   Screenshots; Textauszug aus: Craig Reynolds: «Flocks, herds and schools: A distributed behavioral model», in: *SIGGRAPH '87: Proceedings of the 14th annual conference on Computer graphics and interactive techniques,* hrsg. von Maureen C. Stone (Association for Computing Machinery), New York 1987, S. 25. Website von Craig Reynolds: http://www.red3d.com/cwr/boids, 5. April 2008.

Abb. 3   *The New Landscape in Art and Science,* Ausstellungskatalog, hrsg. von György Kepes, Boston 1956, S. 276.

Abb. 4   *Cybernetic Serendipity. The Computer and the Arts,* Ausstellungskatalog, hrsg. von Jasia Reichardt, London 1968, S. 79.

BIOGRAFIEN DER AUTORINNEN UND AUTOREN

—

Clemens Bellut

Philosoph. Seit 2006 stellvertretender Leiter von Design2context (Institut für Designforschung, Zürcher Hochschule der Künste). Herkünftig aus der niederrheinischen Provinz, nach geisteswissenschaftlichen Studien an Universitäten in Bonn und Tübingen tätig: als Berater für den Vorstand der Flughafen Frankfurt Main AG, als Dozent an Hochschulen und Universitäten in Tübingen, Stuttgart, Ilmenau und Berlin und, in Frankfurt, um Menschen fremder Herkunft eine Zukunft in der deutschen Sprache zu eröffnen.

—

Johann Feichter

Promovierter Meteorologe. Nach Forschungstätigkeiten am Max-Planck-Institut für Chemie in Mainz und am Meteorologischen Institut der Universität Hamburg seit 2000 Leiter der Forschungsgruppe «Aerosole, Wolken und Klima» am Max-Planck-Institut für Meteorologie in Hamburg. «Lead author» des IPCC Third Assessment Report sowie «contributing author» und Gutachter des IPCC Fourth Assessment.

—

Andrea Gleiniger

Kunst- und Architekturhistorikerin. Seit 2007 Dozentin Zürcher Hochschule der Künste, Schwerpunkt Geschichte und Theorie des Raumes/Szenografie. Studium der Kunstgeschichte, vergl. Literaturwissenschaft und Archäologie in Bonn und Marburg; 1988 Promotion im Fach Kunstgeschichte mit einer Arbeit über städtebauliche Leitbilder in Großsiedlungen der Nachkriegszeit, 1983–93 Kuratorin am Deutschen Architektur Museum in Frankfurt/Main; seit 1983 Lehraufträge und Gastprofessuren an Hochschulen in Karlsruhe, Stuttgart und Zürich. 2002–07 Lehre und Forschung an der ETH Zürich/Professur für CAAD. Publizistische Tätigkeit vor allem im Bereich Architektur, Städtebau, Kunst und neue Medien im 20. Jahrhundert.

—

Klaus Mainzer

Prof. Dr., Lehrstuhl für Philosophie und Wissenschaftstheorie, Zentrum Mathematik; Direktor der Carl-von-Linde-Akademie an der Technischen Universität München, u.a. Mitglied der Europäischen Akademie der Wissenschaften (Academia Europaea) in London, Autor zahlreicher Bücher mit internationalen Übersetzungen (u.a. über komplexe Systeme) sowie Gastprofessor in Brasilien, China, Indien, Japan, Russland, USA und europäischen Staaten.

—

Kostas Terzidis

Außerordentlicher Professor an der Harvard Graduate School of Design: Er lehrt *Cinetic Architecture*, *Algorithmic Architecture*, *Cinematic Architecture* und Methoden der Entwurfsforschung im Bereich digitaler Medien. 1994 Promotion in Architektur an der Universität von Michigan; 1989 Master-Diplom in Architektur an der Ohio State University und 1986 Ingenieurdiplom an der Aristoteles-Universität in Thessaloniki. Er ist auch in Europa als Architekt tätig (Geschäfts- und Wohnbauten) und beschäftigt sich mit der Entwicklung von Theorien und Techniken für algorithmische Architektur. Sein Buch *Expressive Form: A Conceptual Approach to Computational Design*, London 2003, entwickelt eine neue Sicht auf ästhetische Aspekte im Bereich *Computation*, v. a. im Zusammenhang von Architektur und Design. Sein aktuelles Buch, *Algorithmic Architecture*, Oxford 2006, untersucht Begriffe, Konzepte und Prozesse algorithmischer Architektur und entwirft ein theoretisches Konzept für Design-Implementierungen.

—

Robert Venturi & Denise Scott Brown

Robert Venturi und Denise Scott Brown sind in maßgeblicher Weise für die Neuausrichtung der dominierenden architektonischen Moderne seit den Mittsechzigern verantwortlich. Sie erweiterten das Spektrum architektonischer Belange durch die Einbeziehung unterschiedlichster zeitgenössischer Strömungen und Aspekte. So berücksichtigten sie Pluralismus, Multikulturalismus und soziale Verantwortung, Pop Art, populäre Kunst und Alltagslandschaft, Symbolik, Ikonografie und elektronische Kommunikation, generisches Bauen und eine Neubewertung der Doktrin des Funktionalismus sowie die Relevanz des Manierismus und schaffen Entwürfe von provozierender Direktheit – sie haben die Architekten damit aufgerufen, ihre heutige Berufspraxis zu überdenken. Die Arbeiten von Venturi, Scott Brown and Associates reicht vom Haus Vanna Venturi (1966) bis zu Verwaltungsgebäuden, Universitätskomplexen sowie Campus- und Stadtplanung. Ihre Entwürfe waren nie Interpretation ihrer Theorie – das wäre zu trocken –, sondern entwickeln sich aus den vorliegenden Gegebenheiten. Die meisten stellen überraschend direkte Lösungen dar, und fast alle weisen, trotz sorgfältiger Anbindung an den Kontext, bemerkenswerte, wenn nicht frevlerische Merkmale auf. Scott Brown und Venturi haben u. a. an den Universitäten Harvard und Yale, an den Universitäten von Kalifornien und an der Universität von Pennsylvania unterrichtet und in Amerika, Europa, Afrika und im Fernen Osten Gastvorlesungen gehalten. Sie sind in allen Bereichen ihrer beruflichen Praxis gemeinsam tätig und arbeiten in ihrer Firma mit 30 Mitarbeitern zusammen. Beide sind zwar gleichermaßen für die Projekte verantwortlich, Venturi ist jedoch hauptverantwortlich für den (architektonischen) Entwurf, während Scott Brown schwerpunktmäßig für Planung und Entwurf im urbanen Raum sowie von College-Anlagen zuständig ist.

—
Georg Vrachliotis

Seit 2004 Wissenschaftlicher Mitarbeiter für Architektur- und Techniktheorie an der Professur Hovestädt für Computer-Aided Architectural Design (CAAD) des Departements Architektur der ETH Zürich. Studium der Architektur, Studien in Philosophie und Wissenschaftsgeschichte. Forschungsaufenthalte an der Universität Bremen, der Universität Freiburg und der University of California at Berkeley. Kernbereich Architektur und Technisches Denken im 20. Jahrhundert. Aktuelle Forschungsschwerpunkte sind Architektur und Kybernetik sowie Denken in Systemen: Zur Philosophie der Konstruktion bei Fritz Haller. 2007 Gründung des Forschungsschwerpunktes Techniktheorie an der ETH, Professur Hovestadt (zusammen mit Oliver Schürer, Technische Universität Wien). Seit 2006 Lehrauftrag für Architekturtheorie am Institut für Architekturtheorie der Technischen Universität Wien.